社会主义核心价值体系建设
"双百"出版工程

项 目

/100位
新中国成立以来感动中国人物/

蒋 筑 英

白英权／著

吉林文史出版社

前　言

　　每个人的心中都多少有一点英雄情结，都向往英雄、景仰英雄。也正因此，在中华人民共和国建国六十周年之际，由中央十一部委联合组织开展的"100位为新中国成立作出突出贡献的英雄模范人物和100位新中国成立以来感动中国人物"的评选活动中，群众参与投票总数近一亿。这其中的每一张选票，都表达了人们对英雄模范的崇敬之情，寄托着对伟大祖国的美好祝福。

　　一个民族不能没有英雄，否则这个民族就不会强大。当国家危难之时，懦弱者选择了逃避、妥协甚至投降，英雄们却挺身而出，用热血捍卫民族的尊严，人民的幸福。在创立和建设新中国的伟大历程中，涌现出无数可歌可泣的英雄模范人物。他们之中，有为了民族独立和人民解放而英勇牺牲的革命先烈，有为了党和人民的事业而不懈奋斗的优秀共产党员，有在全民族抗战中顽强奋战、为国捐躯的爱国将士，有英勇杀敌的战斗英雄和革命群众，有积极从事进步活动的著名民主爱国人士和国际友人……他们是民族的脊梁、祖国的骄傲，是激励全体人民团结奋斗的精神力量。

　　《100位新中国成立以来感动中国人物》丛书，就像一部星光璀璨的英雄谱，真实、完整地记录了英雄模范人物不平凡的一生，再现了他们非凡的人格魅力和精神世界。舍身堵枪眼的黄继光，拼命也要拿下大油田的王进喜，中国原子弹之父邓稼先，新时期领导干部的楷模孔繁森……一串串闪光的名字，一个个动人的故事，犹如群星闪烁，光耀中华。

　　当今中国正处于伟大变革的时代，迫切需要涌现出一大批勇于承担历史使命、为祖国和人民奉献一切的先进人物。在"双百"人物崇高精神的引领下，在建设社会主义现代化国家的征程中，必将英雄辈出。

生平简介

　　蒋筑英，男，汉族，浙江省杭州市人，中共党员。生前系中国科学院长春光机所副研究员。

　　蒋筑英是我国光学界的优秀人才，他在科研中勇于探索，刻苦钻研，任劳任怨，在光学机械检测等领域做了大量工作。1965年，他和他的研究小组研制出了中国第一台光学传递函数测量装置，建成了国内一流的光学检测实验室。以后又设计了中国第一台电子分色机的分色特性和镀膜要求，先后解决了国产镜头研制工作中的许多关键性技术难题。他撰写的《关于摄影物镜光谱透过率》对中国的电影电视事业具有重要指导意义。他是光学传递函数的计算、装置、测试以及编制程序、标准化等方面的专家。他对待同志、荣誉和个人利益有着坦荡的胸怀和高尚的风格。他掌握英、德、法、俄、日5门外语，翻译了大量外文资料，但从不据为己有。他帮助同事一遍又一遍修改论文，发表时却不让署他的名字；他和别人共同研究取得的科研成果受到光学界的重视，被邀请出席学术会议作报告时，他让合作的同事去，把荣誉让给别人；研究所评职称、分房子、提工资，他多次主动让给别人。1982年6月，蒋筑英到外地工作期间，由于过度劳累，病情恶化，不幸逝世，年仅43岁。他被追授为全国劳动模范，追认为中国共产党党员。

1938-1982
[JIANGZHUYING]

◀ 蒋筑英

目录 MULU

共和国英雄谱上镌刻着的荣誉（代序）

20世纪80年代，在中国的大地上到处传颂着一个响亮的名字——蒋筑英。时至今日，这个名字仍然激励着人们为中华民族新的崛起而努力拼搏。

蒋筑英，祖籍杭州，1938年8月13日生，生前是中国科学院长春光学精密机械研究所（简称长春光机所）第四研究室代理主任、副研究员、光学专家。1982年6月15日在成都工作期间以身殉职，终年43岁。经长春市人民政府批准，他的骨灰安放在长春革命公墓。

中国知识分子历来被称作民族的精英，他们有着一种特殊而重要的品质，那就是社会担当，以天下为己任，对人类、对国家、对民族未来的责任，无私地奉献着知识和力量。即便在重压之下也不会动摇，反倒更加坚强起来。蒋筑英，就是他们中间优秀的代表，他感动着中国，感动着人民，他的事迹在中国的大地上一代又一代地传颂着。

人们赞颂着：他勇攀科学高峰的献身精神，在我国光学技术领域开拓性的工作和巨大成果；

人们赞颂着：他是科技界的雷锋，一生助人为乐，不图名利，"甘做社会主义铺路石"，有着高尚无私的襟怀；

人们赞颂着：他热爱党，热爱祖国，坚守共产主义信仰，对党无限忠诚，直到生命的最后时刻。

在共和国的英雄谱上，镌刻着他至高无尚的荣誉：

1982 年 7 月，中共吉林省委追认他为中国共产党党员。

1982 年 10 月，中国科学院党组、中共吉林省委分别发出广泛开展向蒋筑英学习活动的通知和决定。

1982 年 10 月，聂荣臻元帅题词：知识分子的优秀代表蒋筑英。

1983 年 1 月，国务院追授他为全国劳动模范。

1992 年 1 月，长春电影制片厂拍摄的彩色故事片《蒋筑英》公映。

1995 年 5 月，蒋筑英纪念馆在他的母校杭州市抚宁巷小学落成，2007 年扩建并更名为蒋筑英科技馆。

2002 年 9 月，蒋筑英纪念塑像在长春息园落成。

2009 年 9 月，他被中宣部等部门授予 100 位新中国成立以来感动中国人物之一。

2009 年 9 月，胡锦涛等党和国家领导人亲切接见了蒋筑英的夫人及其他"双百"人物代表。

人生的初始之路

刻苦学习，做到功课好，身体好，品行好，将来做有本领的祖国建设者。

我的理想是成为一名红色工程师。

——摘自蒋筑英 1956 年中学时代的自传

→ 战乱中来到人世间

★★★★★

人的出生有着共同的生理环节，然而每个人的出生却有着不同的社会记忆。

1938 年，一个苦难的年代。日本帝国主义的铁蹄践踏着祖国大地，即便大西南的贵阳也难幸免于难。日寇的战机不时前来空袭，人民惨遭涂炭，生活在血雨腥风之中。然而祸不单行，贵阳及贵州全省上年遇到历史罕见的大旱又造成数百万人死亡。真是"天灾又遇人祸，而人祸又加重了天灾"。

这年 8 月 13 日，黔灵山下一所普通的民宅内，一个新的生命诞生了。这天正是戊寅虎年立秋后的第五天，酷热依然使人喘不过气来。呱呱落地的小生命却使愁眉不展的一家人露出少有的笑容。瞧孩子那红红的脸蛋，听那响亮的啼哭声，真是可爱极了。孩子的父亲叫蒋树敏，是当时在贵州省政府一个部门工作的小职员。他是位文化人，知道贵阳古代盛产竹子，以制作弦乐器"筑"而闻名，贵阳故而简称"筑"，也称"金筑"、"筑城"，便给小生命取名筑生。后来，蒋夫人又怀孕了，为了给以后出生的孩子都能取个响亮的名字，决定将孩子的名字按"英雄豪杰"四个字顺序，每人取一个字排下去，筑生是长子，便更名蒋筑英。

蒋家并不是贵阳人，他们的老家在浙江杭州，一家人是逃难来到贵阳的。人都说"上有天堂，下有苏杭"，杭州本是一座闻名天下的美丽城市，然而在1937年日寇侵华的战火中，中日空战从这里开始，敌机整日狂轰滥炸，美丽的杭州被撕成碎片，百姓们生活不下去了，纷纷举家外逃，蒋树敏一家就在其中。

一个雪花飘落的日子，当时在一家银行供职的蒋树敏抛弃了工作，带着一家老小辗转南昌、长沙，最后颠沛流离到贵阳，投向在那里的一门远亲。一路上风尘仆仆，走走停停，到处是逃难的人群，到处是被炸毁的残垣断壁，到处是人们的哭喊声。敌机像长了眼睛一样，一直跟着逃难的人群。三十多天里，蒋家人吃了不少苦头，连吃饭和住宿都成了难题。买不到汽车票就在候车室里席地而卧，排队等上几天。母亲腹中怀着蒋筑英，更是举步艰难。

战乱中降生的蒋筑英也和大人们一样，饱尝人间之苦。为了躲开空袭，妈妈抱着襁褓中的蒋筑英，常常要钻进黔灵山下的防空洞内，一躲就是一天。防空洞阴冷潮湿，令人窒息，出疹子发高烧的小姐姐被憋死在防空洞内。在那些日子，任凭小筑英怎么哭叫，也难见阳光，去享受初到人间的快乐。更难在母亲的怀抱中去看看贵阳闻名的文昌阁、甲秀楼。让他从小刻骨铭心的，却是那令人毛骨悚然的空袭警报声。小筑英瞪着圆圆的大眼睛，似乎在向人间发问：祖国为什么会这样被人欺负？

中国人民不会任人欺凌，祖国大地也不会任人宰割。1937年7月7日，"卢沟桥事变"燃起的抗日烽火越烧越烈，中华儿女前赴后继，浴血奋战，投身到中国历史上最大规模的反侵略战争中，用血肉筑起新的长城。1945年8月15日，日本天皇宣布无条件投降。中国人民经过八年艰苦卓绝的抗战，终于赢得胜利。伴随着欢庆的锣鼓，1946年1月，7岁的蒋筑英和家人离开贵阳，又返回千里之外的故乡杭州。

1949年5月3日，杭州解放。这一天，红旗在蓝天中飘扬。不满11岁的蒋筑英第一次看到毛泽东主席的画像。他挤在夹道欢迎解放军入城的人群中，不住地挥动着小手，高呼着口号："欢迎解放军！"从此，蒋筑英一家开始了新的生活。

➡️ 第一批戴上红领巾

蒋筑英最初在贵阳读小学，后来随家人回到杭州后就读杭州抚宁巷小学。这所建在光绪年间知名小学为蒋筑英的成长铺就了初始之路。

我们是新中国的儿童，我们是少年的先锋，团结起来，继承父兄，不怕艰难，不怕担子重，为了新中国的建设而奋斗，学习伟大的领袖毛泽东……

1950 年 4 月的一天，嘹亮的中国少年儿童队（1953 年更名为中国少年先锋队）队歌响彻在杭州清河坊旁的校园，学校首批新队员列队从这里出发，去紫阳山下参加宣誓仪式。队伍中一位身穿短袖白衬衣高个小平头男孩，格外引人注目，他就是不满 12 岁的蒋筑英。戴上红领巾就要听党的话，做党的好孩子。蒋筑英努力向上，不久被推选为少儿队中队长。

"小荷才露尖尖角，早有蜻蜓立上头。"读小学的蒋筑英是全校有名的学习尖子。他的学习成绩一直名列前茅，几乎门门课程都是满分，却从来不炫耀。一次期末考试结束后，妹妹健雄高兴地跑回家，把自己的成绩单往妈妈眼前一放，骄傲地说："都是4分、5分，不错吧？"妈妈当然很高兴。不一会儿，蒋筑英也放学回到家，放下书包不声不响地出外提水，根本未提考试成绩单的事。妈妈心里奇怪起来，难道他没有考好？蒋筑英提水回来后，妈妈问："你考得怎样？把成绩单拿给我看。"蒋筑英从书包里拿出成绩单，妈妈看到考试成绩全是5分，满意地笑了。她对妹妹说："要学习你哥哥，考出好成绩也不要骄傲呀！"

　　在孩提时代，蒋筑英知识十分广泛。学校组织春游到栖霞岭下的岳王墓，他看着"还我山河"的牌匾，总会绘声绘色地讲起岳母刺字和不少民族英雄岳飞的故事，背诵起那首脍炙人口的《满江红》。在钱塘江边的六和塔下，又会讲起天体引力和地球自转离心力引发潮汐现象的科学知识。什么交叉潮、一线潮、回头潮、丁字潮，他讲得头头是道。

　　在孩提时代，蒋筑英事事替别人着想。春游时，无论在西子湖游弋，或是登高爬上吴山，蒋筑英顾前盼后，不时搀扶体弱的同学，或是递上自己从家中带来的水，让大家解渴。那时，他和妹妹健雄在同一所小学读书，每天都一起去上学。一天上学路上，健雄看见眼前有位叔叔拉着平板车，就摘下沉重的书包放在车上，十分轻松地边玩边走。在后面的蒋筑英看到了，连忙赶上前去把书包拿下来让妹妹背上。他对妹妹说："人家本来已经很吃力了，咱们不去帮助推车，还要给人家加重量，太不像话了。"说着，弯下腰来推起车。妹妹脸一下子红了起来，也学着哥哥的样子帮助推车。车夫叔叔回头望着兄妹俩，高兴地点头笑了。送了一段路程，兄妹俩才唱着歌儿上学去了。

那时学校的各种课后活动很多，从"三要三不要"（要爱护公物、要爱惜时间、要艰苦朴素；不要损人利己、不要浪费、不要贪小便宜）活动，到普及文化、扫除文盲活动，蒋筑英从来都走在前面。人们时常看到，蒋筑英利用课余时间，带着小伙伴背起小黑板，走街串巷给街道居民补习文化，教唱歌曲，那股认真劲俨然是位学堂里的先生。人们也经常听到他唱起《小先生之歌》："小先生，年纪小，进了小学校。老师教给我呀，我再把别人教……人人的文化都提高，功劳真不小。"虽然童声童气，却显得格外自豪与骄傲。

人们更为惊讶的是，蒋筑英还是位不错的小演员。在扫盲的日子里，他同一名女同学登台表演起反映解放区扫盲活动的秧歌剧《夫妻识字》，他扮演男主人公农民刘二，边扭边唱起"不识字不知道大事情，糊里糊涂受人欺"、"丰衣足食好喜欢，学习文化理当然"。字正腔圆，颇有功夫。那刚刚学会的陕北调，不时博来笑声和掌声。为了表彰他在扫盲活动中的成绩，学校根据他的事迹，编写了题为《小先生日记》的稿件，由他亲自走到话筒前，通过当地广播电台播出。

➡ 窘境困扰的中学时代

★★★★★

窘境出人才，蒋筑英的中学时代就是在窘境中度过的。

1952 年，蒋家遭受到沉重的打击，父亲蒋树敏因所谓历史问题被送到农场劳教审查，不准回家，后来又被判刑。那年，蒋筑英不足 15 岁，正在初中读书。在一些人的眼里，他已成为"黑五类的狗崽子"。父亲远在农场，母亲没有工作，家里没有经济来源，一家人顷刻陷入困境。蒋筑英身后有三个妹妹两个弟弟。作为长子，他挺身挑起了家庭生活的重担。

母亲变卖了家中的一些衣物，亲友接济一些钱，但是家中生活还是无法维系。有人替他家揽

来糊火柴盒的活计，虽然加工费少得可怜，但是蒋筑英和母亲还是承揽下来了。当时的火柴厂不是机械加工，火柴盒都是要分到百姓家中手工制作。别看火柴盒不大，加工起来要四五道工序，而且要求精细。每天放学回来，蒋筑英先要做完作业，放下笔就带着弟弟妹妹糊起火柴盒来。蒋筑英心灵手巧，从折盒体、抹浆糊，到贴商标干得最拿手。凭这笔糊火柴盒的微薄收入，解决了兄妹几个人的学费。

体会到学费来之不易，蒋筑英学习更加刻苦，学习成绩仍然排在前面，而助人为乐的劲头依然没有改变。班里有位同学家境比他还要贫苦些。一天，大雨滂沱，这位同学在路上浇成"落汤鸡"，衣服湿了个透，没有更换的衣服穿。蒋筑英看在眼里，跑回家对妈妈说："我有一件穿着短了的衣服，把那件衣服送给同学吧！"家里哪有多余的衣服呀，蒋筑英穿短了的衣服弟弟妹妹还在等着穿呢。可是母亲深深懂得蒋筑英那颗心，忙把那件衣服找了出来，抚摸着他的头说："孩子，给你同学送去吧！"

蒋筑英心中总是装着别人。同学们时常向人们讲起他在钱塘涌潮中救人的事：每年农历八月间，杭州湾喇叭口特殊地形造成的特大涌潮，犹如万马奔腾，潮来时声如雷鸣，排山倒海，蔚为壮观。"钱塘郭里看潮人，直到白头看不足。"人们如果不注意涌潮规律，观潮时会被潮水卷走，断送了性命。暑假里的一天下午，热气灼人，蒋筑英和小伙伴结伴到江边游泳。他们兴致越来越高，不觉游到了离岸二百多米的地方。日落时分，突然潮声响起，后浪推着前浪，层层相叠，从远处滚滚而来。伙伴们惊呆了，争先恐后往岸边跑。一位人小个矮的同学屡屡摔倒，连呛了几口水。蒋筑英看到他跑起来越来越慢，忙回身拉住他的手，对他说："不要害怕！不要着慌！"两人手拉手，肩并肩，好不容易挣扎上了岸。未等他们定下神来，大潮便呼啸而过。那位同学眼含泪花，激动地说："你要不拉着我跑，我恐怕连小命都没了！"

1953 年夏，蒋筑英在百年名校杭州初级中学（杭州四中前身）毕业，以优异的成绩考入享誉全国的江南四大名校之一——杭州第一中学（现更名为浙江省杭州高级中学）。这里曾涌现出以鲁迅为代表的一大批卓越人才。百年杭高，薪火相传，如今又培养了蒋筑英这位科技精英。

"向工业国的目标迈进！"这口号振奋着刚刚获得解放不久的人们。这年，正值新中国进入大规模建设的第一年，第一个五年计划的实施使蒋筑英激动不已，恨不得马上投入到热火朝天的建设中去。他特别喜欢无线电知识，家里那台40年代生产的破旧收音机，成了他的实验品。拆了又装上，装上又拆了，反复琢磨，最后竟然会自己修起电子管收音机来。人们问他哪来的这股钻研劲头，他说："祖国建设需要人才，我对物理学、数学很有兴趣，尤其是无线电专业，电子管、光电管的应用，简直让我着了迷。我的理想是成为一名红色工程师。"十多岁孩子的这番话，显露出蒋筑英从小那高远的志向。

然而，父亲的历史问题一直困扰着蒋筑英。在读高中阶段，他不知写过多少份入团申请书，可始终没有回音，入团问题迟迟得不到解决。甚至将来是否报考北京名牌大学也曾犹豫过，生怕因为父亲的问题被拒之门外，"政审"这块石头重重地压在他的心头。班主任老师看到这些，实在为这位学习尖子担忧：小小年纪就背上政治包袱，他能挺得住吗？

"五星红旗迎风飘扬，胜利歌声多么响亮，歌唱我们亲爱的祖国，从今走向繁荣富强……"这首50年代最流行的歌曲，正是蒋筑英平时最爱唱的歌曲。越是困难的时候，他唱得越响亮，用歌声来激励自己。1956年4月的一天，广播喇叭同往常一样，播送着《歌唱祖国》这首歌，蒋筑英伏案思绪万千，提笔在《自我鉴定》中写道："考入高中后，经过许多运动的教育，使自己看清了祖国的将来、个人的前途，使自己生活目的明确起来。感到自己生长在这样一个伟大的时代，能亲手去建设自己的国家而感到兴奋，同时也感到自己责任的重大，因此更要努力学习，练好身体，加强政治学习，使自己成为一个祖国的建设者，这就是我现在学习、生活的目的。"他是这样说的，也是这样做的。学习成绩一直在班里拔尖。

梅花香自苦寒来，窘境反倒使蒋筑英获得成功。名校并没有因为父亲的问题将他拒之门外，1956年8月，蒋筑英高中毕业后，被北京大学物理系录取，所学专业是光学专门化。

→ 迈进未名湖畔最高学府

★★★★★

成功不会主动向人走来，有志者却靠自己的努力，主动向成功走去。

北京大学素有"中国最高学府"之称。迈进校园，蒋筑英也曾漫步在未名湖畔唱歌跳舞，也曾在十三级的博雅塔下拍照留影。然而他最常去的地方却是亚洲高校藏书最多的北大图书馆。几乎每天清晨，蒋筑英都要早早起床，去图书馆门前排队，等待最先抢到位置。走进图书馆，他一待就是一天。在大学就读的六年间十个寒暑假，蒋筑英有八个是在这里读书。在图书馆，他每每走到居里夫人画像前都要停下脚步凝望很久。居里夫人是他从小的心中偶像，在宿舍床头还摆放着《居里夫人传》。他常对朋友说："居里夫人是位伟大的人，她经历近四年的努力发现了天然放射性元素镭。我们要像她那样，对科学对祖国作出应有贡献。"

"生育我者父母，教育我者是党"，蒋筑英家庭条件一直困难，他是靠人民助学金完成学业的，所以学习十分努力。大学期间，他学习了俄语和英语两门外语课程，又利用课余时间攻读法语，还到西班牙语系去做旁听生。

蒋筑英不是只啃书本的"书呆子"，动手是他的长项。实验课是让他有兴趣的课程，每到做实验，他都抢先参加，培养动手能力。1959 年，学校掀起教育革命热潮，办起了科研工厂。这里可是蒋筑英的用武之地，他和另一名同学承担了制作热电阻接收器的任务。搞热电阻需要点焊机，当时学校没有，他便自己动手制造。白天去上课，晚上加班，很快制造出来。在大家的努力下，电阻接收器终于问世，并获得一致好评。两名战友结合工艺理论，还撰写出了热电阻讲义。接着，蒋筑英又蹲在实验室，自己动手磨光抛光，加工制作出投光反射镜，完成了《用转镜照相法研究放电火花光谱》的学术论文，得到专家们的肯定。

蒋筑英确实不是只啃书本的"书呆子"，他的爱好和兴趣十分广泛。他是北大棒球队队员，球场经常活跃着他那1.82米的身影。他是学校业余摄影队队员，未名湖倒映的塔影是他的处女佳作。他还是全校闻名的次中音小号号手。他作为学校乐队的队员，不止一次参加了天安门前的浩大游行。

近朱者赤。在北京读书的日子里，蒋筑英结识了一对德高望重的老年夫妇。从他们那里蒋筑英汲取了更多的成长力量，甚至影响着自己的一生。老人名叫林子扬，是位早年留学德国的知识分子、著名爱国人士，归国后在北京医院任皮肤科主任，长期担任中央领导同志的保健工作，与周恩来总理和邓颖超交往很深。邓颖超曾称赞他"医德高尚，医术高明"。林老的夫人刘尧厚是蒋筑英母亲中学时代的同窗好友。蒋筑英是经母亲的介绍认识两位老人的。老人待蒋筑英如亲生儿子，大学六年间的假日里，蒋筑英经常到位于北京西河沿老人家里做客，耳濡目染着老一代知识分子的精神境界。老人淡泊名利，生活条件很好，却非常俭朴，吃饭时桌上掉下饭粒都要捡起吃，衣服旧了也要缝缝补补接着穿。林老给人治病不分贫富，街坊邻居找他看病从来不收钱。他关心城市建设，曾向有关领导提出北京公交汽车站设避雨棚的建议，被政府采纳。这些言行举止在蒋筑英的心中打下深深烙印。

蒋筑英永远不会忘记：1959年国庆十周年前夕，老人应邀参观刚刚落成的首都十大建筑，特意叫蒋筑英作陪护人参加。人民大会堂、革命历史博物馆、军事博物馆、北京火车站等十大建筑是中国建筑史的经典之作，标志着中国的崛起和发展。蒋筑英参

△ 鼓舞蒋筑英立志报国的话剧《胆剑篇》剧照

观后留下了美好的记忆。回到学校后，他在自我鉴定中写道："全国人民以自己英勇的忘我劳动创造了很多奇迹，使自己受到了极大鼓舞"，"我们这一代人肩上负有十分重大的历史任务，要改变我国一穷二白的面貌，建起人间天堂"。更使蒋筑英久久不能忘记的是，老人在中南海受到周恩来总理和邓颖超的接见，回家后兴致勃勃地向蒋筑英讲起周总理指挥唱歌的场面，讲起周总理鼓励知识分子的话语。蒋筑英十分激动，报效祖国的志向更加坚定了。

1961年国庆节，蒋筑英又应老人之约在人民大会堂观看了北京人艺演出的历史话剧《胆剑篇》。那年，我国处在天灾人祸国民经济困难时期。在周恩来总理的支持下，剧院为鼓励国人斗志，排演了这出话剧。"苦心人，天不负，卧薪尝胆，三千越甲可吞吴"，蒋筑英被春秋末年越王勾践卧薪尝胆的胆剑精神所打动，立志做个有志者、苦心人。他对老人说："我们中国人从来都有志气，我们这一代更要奋发图强，把祖国建设得更加美好。"

蒋筑英和林家的孩子们也建立起深厚的友情，相互鼓励，成为朋友。林老的儿子林培炎现在已成为我国著名的口腔医学专家。

大学生活快要结束了，将来到哪里去工作呢？蒋筑英久久地伫立在中国地图前，回风景如画的老家杭州吗？父母正翘首等待着他！留在首都北京吗？这里的生活和工作条件可是没比的！到朋友来信邀他去的上海吗？那里已经为他安排好了工作！但是蒋筑英知道，中国最大的光学基地在东北的长春，最著名的光学专家在东北的长春。自己所学的专业是光学专门化科学，那里才是自己献身祖国、施展才华的地方。蒋筑英挥起长长的手臂，将手指坚定地落在宛如雄鸡的中国版图鸡头中心——长春。"到长春去，报考长春光机所王大珩先生的研究生！"蒋筑英征得林子扬老人的支持后坚定地说。当年，中国正处在经济发展困难时期，长春的生活条件并不好，有人劝他说："孔雀是要东南飞，你这个南方人怎能经得起东北的冰天雪地呀！"蒋筑英却有着自己的鸿鹄之志，他在给朋友的信中写道："长春那里是一片银白色的世界，很有诗意……有人追求物质生活，而我渴望的是知识。"他仿佛已置身那皑皑白雪玉树琼枝的新天地。

大学的最后一个假期，蒋筑英回到了杭州，把自己的择业想法告诉了亲人。这一天，夜已经很深了，蒋家的灯还在亮着，母子俩在争论着蒋筑英的毕业后去向。

△ 1962年，蒋筑英在北大毕业后，说服了母亲，毅然考取了我国著名光学专家王大珩的研究生，开始了向科学高峰攀登的新生活。这是研究生时期的蒋筑英

妈妈说："你读了六年小学，六年中学，又读了六年大学，已经不少了，还要念啥研究生呀？"

"知识的海洋无边无际，我还很年轻，要多学知识打好基础，基础打得越宽厚，将来才能干大事业。"

妈妈接着劝说："弟弟妹妹都盼着你早点回来，咱家的情况你是知道的呀！"

"这你不用担心，研究生每月42元助学金，我可以省着用，还可以想办法给家里寄些钱!"

　　"孩子! 长春比北京还要远一千多里，实在太远了。我的身体又不好，每天晚上都睡不着觉，心里总挂念你……"说到这里，妈妈伤心地落下泪来。

　　"妈妈，我会常回来看你的。现在交通方便多了,坐飞机眨眼工夫就能回来。"他风趣地逗起妈妈，接着又说："国家培养了我这么多年，就要为人民办事。咱们想的应该是事业，不能看工作地点，你不是盼着我们做儿女的都有出息吗，工作地点远点怕什么，念完研究生我还要留在长春工作呢!"

　　妈妈再也不说什么了。这一夜，蒋家的灯一直亮着。

攀登在光学科技巅峰

我们这一代肩负着继往开来的重任，要多做铺路的工作，为实现科技现代化，为年轻一代科技工作者攀登世界高峰创造条件。

——摘自蒋筑英业务自传

→ 摘取光学传递函数的金牌

★★★★★

长春，这座年轻美丽的城市，张开双臂迎接着一位年轻人的到来。

长春，这座全国闻名的科技文化城，因为他在这里成长而骄傲。

1962 年金秋的一天，蓝天如洗。蒋筑英怀揣着报到证来到长春。"这就是光机所！"在路人指点下，绿树掩映着的光机所那栋灰黄色的大楼呈现在他的眼前。这就是中国光学事业的摇篮，是蒋筑英心中辉煌而神奇的科学宫殿。50 年代，中国第一台大型经纬仪、第一台电子显微镜等八大件一流精密仪器和一系列新型光

△ 在王大珩的指导下，蒋筑英顽强探索，在光学传递函数和色度学领域作出了可贵的贡献。这是蒋筑英和王大珩在一起探讨学术问题

学玻璃就诞生在这里，堪称中国人的骄傲，被国人誉为"八大件、一个汤"（玻璃融化时为液态，这里故称"汤"——作者注）。年轻的蒋筑英高兴得几乎跳了起来。他将在这里完成硕士教育，并在这里一辈子献身祖国的光学事业。他快步走进了办公大楼。在一个难忘的时刻，他见到了自己仰慕已久的导师王大珩。两代人一见如故，说起话来有着不尽的话题。

名师出高徒。王大珩被人们称作"中国光学第一人"、"中国光学之父"。1949 年从英国毅然返回祖国，1952 年白手起家在长春建起中国的光学基

地——中国科学院仪器馆（长春光机所的前身）。他是中国近代光学工程的重要学术奠基人、开拓者和组织者，是中国科学院和中国工程院院士，是我国杰出的战略科学家，更是公认的杰出教育家。这年，47岁的王大珩神采奕奕，正是年富力强的时候。他戴上眼镜，打量着眼前浑身充满朝气的蒋筑英，心里满是喜欢。他经过一段时间观察后认定，这是块璞玉，雕琢后一定会放出异彩。导师下定决心，把蒋筑英培养成为我国光学镜头质量检验和像质评价方面的专门科学人才。

更多的人熟悉蒋筑英，是在1963年元旦光机所举办的第一批研究生联欢晚会上。"他好帅呀！1.82米的大个子，面容清秀。他用法语朗诵赞美居里夫人的诗，朗诵一句用中文翻译一句。我当时就想这真是个有理想有抱负的人。"一位老专家常常这样回忆对蒋筑英的第一印象。从那时起，人们经常看到这位年轻人在严冬的清晨，迎着漫天雪花，第一个从宿舍走进研究室。在酷暑的夜晚，又踏着月光，最后一个离开图书阅览室。节假日里，人们都去公园游玩，而他仍然在宿舍读书。与光机所一条马路之隔的长春最大的南湖公园里，总也见不到他的身影。

光学是门历史悠久的基础学科，对勘探、天文、国防等事业有着至关重要的作用。翻开20世纪60年代初光学史册，国际上光学传递函数理论已开始应用到生产实践，我国还是空白。导师王大珩依据国家发展的需要，为蒋筑英确立了建立我国先进而实用的光学传递函数测量装置的科研课题。

光学传递函数简称O.T.F，是客观评价光学镜头成像质量的数值。当时我国评价镜头质量还是用原始的方法靠肉眼来完成，既不科学又不准确。"年轻的科学工作者要勇挑重担，敢于完成这项开创性工作。"蒋筑英坚定地说，"为什么不能让我们国家赶上去呢？我们一定要有骨气！"他举起双拳，第一个敲起中国光学传递函数的大门。

"世上无难事，只要肯登攀。"蒋筑英和同事们面临的是重重困难，有人在困难面前却步了。蒋筑英又像学生时代那样，向大家讲起居里夫人的故事：正当居里夫人事业有成时，丈夫死于车轮之下。她很少想到自己的委屈、困难和痛苦，即使到了生

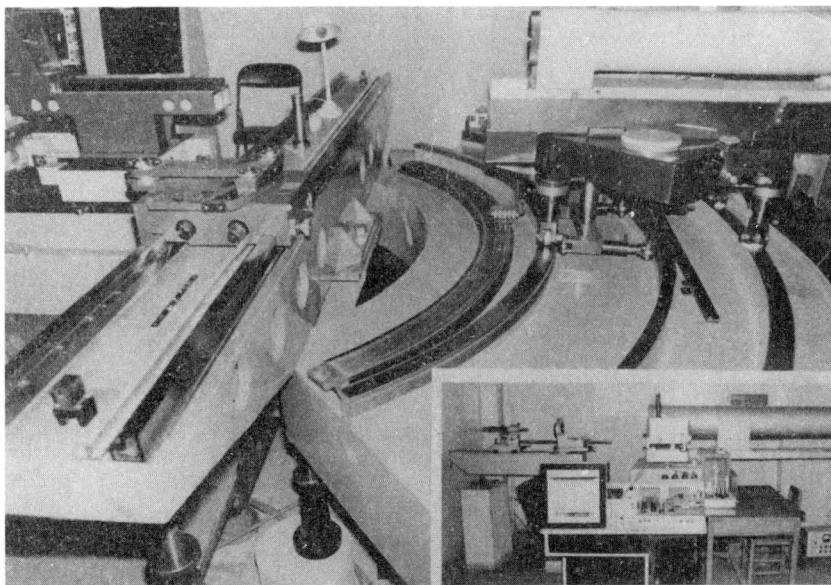

△ 这是蒋筑英1965年为填补我国光学空白研制的Q.T.F光学传递函数测试装置以及1981年建立的现代化光学检测实验室，改制了进口装置台，设计制造了长焦距导轨

命垂危放射线侵害着肉体时，也没有任何抱怨和遗憾。蒋筑英告诉大家："科学的道路不是平坦的，不是一帆风顺的。我们要有居里夫人那种锲而不舍的精神，打起精神继续干下去。"

手头没有关于光学传递函数方面的资料，仅有的基础性理论论文是位法国科学家写的。可是大家都不懂法文，蒋筑英也只是在大学读书时学些基础的东西，所以学法语又成了他的突击课。下班回到宿舍，他制作了法语单词小册子，随身携带，走到哪里学到哪里，连在食堂排队买饭时，也要掏出小册子看看。在公交车上，他也要挤在人群中，读上几页。不到半年的时间，法语难关被他攻破了，那篇法文论文很快被翻译出来，成为大家共同的参考资料。

做什么都有诀窍。注重外语学习一直是蒋筑英的追求。他懂得只有学习好外语，才能有条件博览世界文献，这是科研工作的需要，也是诀窍。所以，蒋筑英通晓了英、俄、德、法、日五种外国语言。他在中学和大学学的是俄语，在中国科学院举办的培训班上学的是德语，学习成绩是全班最好的。英语和日语是他在业余时间自学的。他的英语水平特别突出，导师王大珩的评价是："远远超出我的意料之外。"

滴水穿石不是因其力量，而是因其锲而不舍。1965年，经过七百多个日日夜夜的苦战，蒋筑英带领的四人小组和同事们终于设计和制造出我国第一台光学传递函数测量装置，我国终于有了自己评价电影、电视、照相镜头质量的第一流的设备。这年，蒋筑英只有27岁。导师王大珩赞扬说："他做出来的，总比我想的

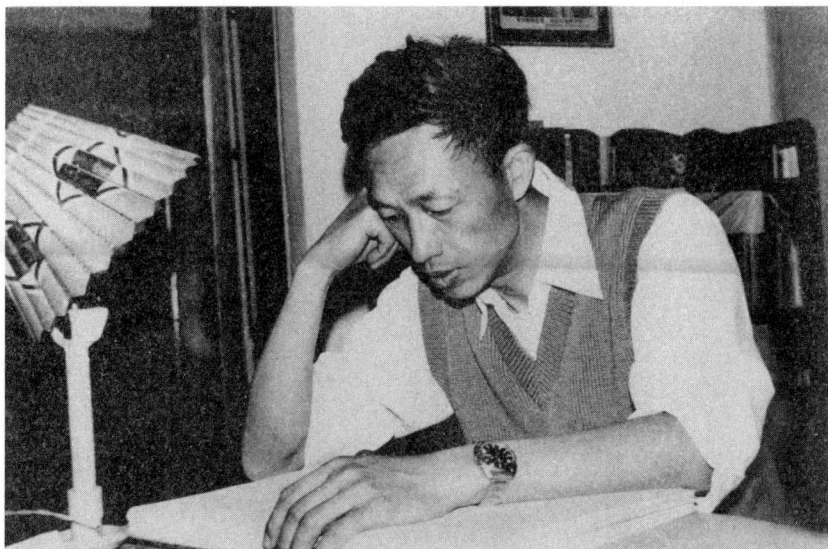

△ 蒋筑英刻苦钻研，勤奋好学，他以顽强的恒心和毅力，掌握了英、俄、德、日、法五门专业外语，并能运用到科研中去。这是他在家中学习的情景

还要好！"1978 年，日本著名光学专家村田和美看到这台测试设备赞不绝口，连连说道："没想到中国那么早就搞出了这样精度的装置。你们应该报道出去，让世界都知道！"

高远之志换来高、精、尖的硕果。这套设备称得上光学研究领域的一块金牌，不仅具有国际先进水平，而且一直应用多年。利用这台设备，蒋筑英进行了大量新型镜头的质量评价和鉴定工作，也检测了不少进口商品，为存在问题的进口商品提供检测数据报告，维护了国家利益。随后在他的建议和参加下，又制成了三种作为鉴定光学传递函数装置的标准镜头，其中焦距 100 的镜头在国内应用较广，并先后在英、日等国测试，达到了国际先进水平，他为传递函数标准化、系列化又作出了新贡献。导师王大珩在一篇纪念文章中写道："蒋筑英和同事们建立起了现代的光学检验实验室，建立起光学传递函数的实物标准，编制了一套切合实际、应用于光学设计的先进传递函数计算程序。他已经成为以从事光学传递函数工作而闻名的光学专门家。"

科学的巅峰是无止境的。蒋筑英在攀登光学传递函数技术高峰的路上，追求着无限的风光。1978 年，他又以极大的热情投入到光学传递函数装置的更新换代上。他提出的大型近距离光学传递函数测定装置和建立光学传递函数测量实验室的设想，得到了所领导和专家的大力支持。在设计、安装实验装置和建立实验室的日子里，他既是工程总指挥，又是实际操作者。整天和技术人员、工人滚打在一起。白天他们一起挖地沟、抬机器、装设备，晚上还要通宵达旦翻译资料、计算数据……饿了就在实验室工地啃几口面包，困了就躺在工作台上睡一会儿。无论是酷暑还是严冬，不知送走了多少不眠之夜。

墙上的时钟敲响了。这声音令人浮想联翩，蒋筑英耳畔又响起了昔日那不能忘却的声音：是儿时的旧中国被列强欺侮，日寇飞机的轰炸声？还是大学时观看话剧《胆剑篇》，剧中越王勾践卧薪尝胆奋发图强的呐喊声？或是心中偶像居里夫人病痛中坚持工作的呻吟声？是 1978 年实验室动工那年，党的十一届三中全会擂起的改革开放战鼓声？还是邓小平同志同年在全国科学大会上发

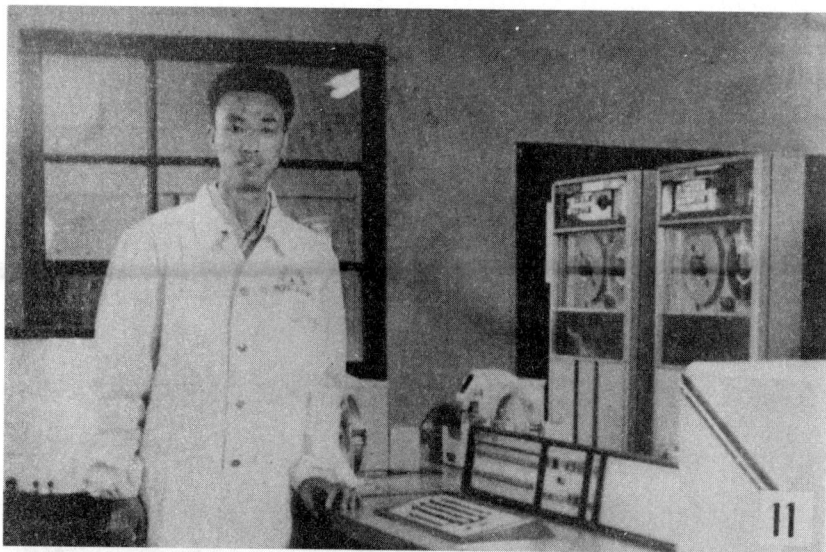

△ 1965年，蒋筑英为了填补我国光学空白，夜以继日为我国研制了第一台光学传递函数测试装置。这是他在电子计算机房工作后的留影

出的"树雄心，立大志，向科学技术现代化进军"的号召声？或是导师王大珩前来助阵，对自己和年轻一代的谆谆教导声？应当全是！因为这些声音刻骨铭心，从不同方面激励着蒋筑英一生奋发的斗志。

1982年初，一座崭新的、设备完整的、高端精度的国内一流水平的实验室终于初步建立起来，并投入使用。蒋筑英从实际出发，上升至技术理论，撰写了大量关于光学传递函数的论文，两次在全国性的技术会议上做学术报告。他的《光学传递函数介绍》一文得到全国光学界的高度重视，并在全国光学设计交流会上宣读。当蒋筑英走上讲台时，整个会场的听众几乎屏住了呼吸，听到他那详实的介绍，许多银发苍苍的老专家们惊叹着、赞许着："了不起！蒋筑英干了一项开创性的工作。"

→ 在彩电技术会战的日日夜夜

★★★★★

当人们坐在彩色电视机前，欣赏着色彩斑斓、影像清晰的图像时，你可知道蒋筑英为中国电视事业付出多少心血。

正当年轻的蒋筑英刚刚显露头角的时候，"十年动乱"开始了。那时的长春光机所，是"四人帮"干扰和破坏的重灾区，蒋筑英和其他科研人员一样，被迫离开了实验室。然而，"文化大革命"的厄运却没有击垮这位年轻人。

在上个世界60年代，我国电视事业刚刚发展起来，一些关键技术还没有过关，特别是国产彩色电视存在严重的色彩失真问题，人的脸色变成猪肝色，红旗的颜色变成紫色。彩

△ 1982年，蒋筑英同其他同志一道建立起新的现代化光学检测实验室。图为他和同志们在调试监测器

色电影、彩色照相和彩色印刷也存在同样的问题。正在接受批判的王大珩为解决这一色彩复原技术，组织起了全国彩电技术攻关大会战。在那些日子里，王大珩被一些人看作"反动学术权威"，好多人整日躲着他。蒋筑英却不信这个邪，第一个报名参加了会战，并担任一个组的负责人。恶意的诽谤和无知的冷嘲热讽不时袭来，"狗崽子"的帽子又给他戴上了。

自信是成功的秘诀。蒋筑英在彩电会战中的劲头从哪里来？他向一位记者（即本书作者）讲述了激发自己的一件事：在一年的北京五一节庆祝游行活动中，北京电视台（1978年更名中央电视台）开出电视转播车转播实况。当时的摄像机都是进口的。

在不少外宾的面前，一名外国记者趾高气扬地向我们的记者问起摄像机是哪国产的，电视记者如实地回答了他。可那名外国记者又问："你们中国怎么没有自己的机器呢？"听到这件事，蒋筑英心中实在不是滋味。他告诉采访他的记者："我们搞光学研究的责任重大。我们并不比外国人笨，要有志气搞出自己的镜头！"

锲而不舍，金石可镂。在"四人帮"的干扰中，蒋筑英投身到会战中，甘当王大珩的助手，大口吸吮着老一辈科学家的知识甘露。白天，他和导师一起设计方案。晚上，又独自利用电子计算机核对数据，时常熬到后半夜。

这一天，天已经快亮了，蒋筑英在实验室仍在案头冥思苦想修改着自己的方案。他独辟蹊径，巧妙地提出在设计与工艺无法达到理论要求的情况下解决色彩失真的新方案，编制出最优化校色矩阵程序和色质分布计算程序。整夜的心血没有白费，"彩电颜色失真问题可以解决了！"蒋筑英高兴地站了起来，伸伸疲惫的腰肢，迎着满天的朝霞回家了。这个方案在国内是首创，王大珩听到后连声叫好。他说："摄像机应用了这个方案，绚丽而真实的彩色图像顷刻会呈现在电视机显像屏上。"在彩电攻关会战的两年时间里，蒋筑英和同事一起连续奋战，完成了彩色电视变焦距镜头和分色棱镜的设计任务。应用效果怎样呢？

实用测试这天，天气变幻莫测，忽而晴，忽而阴。人们的心也像天气一样在变化，犹如十五个水桶七上八下地吊了起来，唯有蒋筑英和他的同事心里有着十足的底气。实验是在北京电视设备厂进行的，测试台上摆放着英国产的新型马柯-8彩色摄像机和我国自己研制的彩色摄像机。还摆放着一个衣着艳丽的藏族玩具娃娃。

"开始!"随着测试主持人的一声令下,工作人员首先用英国产摄像机拍起那可爱的玩具娃娃,接着又用国产摄像机在同样灯光和背景条件下拍了一次。对比效果该是怎样的呢?

"继续测试!"主持人又下了命令。"咔!"电视显示屏亮了起来。人们看到,用英国机拍下的藏族玩具娃娃色彩艳丽,和实物一模一样。可用国产机拍出的画面却模糊不清,玩具娃娃身上像长了绿毛一样。反复调动红、绿、蓝三个色钮,效果还是不好。

"上我们的!"蒋筑英冲了上来。他和光机所光学专家冯家璋拿出按照我们自己编制的程序所设计的校色部件,装在了国产机上,重新又在同样的灯光背景条件下,拍摄了那个玩具娃娃。效果又会怎样? 大家屏住呼吸,不免紧张起来。

显示屏又重新亮了起来。"没了! 没了! 绿毛没了!"不知是谁首先高叫起来。大家兴奋地看到:藏族玩具娃娃脸蛋粉红细腻,衣着色彩艳丽逼真,线条清晰,效果与英国机没有差别。

"成功了! 成功了!"测试现场的人们欢呼起来。不少人热烈地和蒋筑英握手拥抱,祝贺他的成功。有人很快把喜讯传给了北京电视台，电视台和国家计委的负责同志也高兴地前来贺喜。室外的天空似乎也知道了喜讯，云开雾散，露出了笑容。事后，蒋筑英特别高兴地告诉曾采访他的那位记者："我们的镜头摄像颜色正，清晰度好，有自己的设计特色，谁说中国人不行？"

古之立大事者，不惟有超世之才，亦必有坚韧不拔之志。在那动乱的年代，蒋筑英撰写出《彩色电视摄像机校色矩阵最优化程序》等5篇色度学论文，得到国内外专家一致好评。他还编写了《彩色电视变焦距镜头技术标准方法》，解决了国产镜头许多技术难题。他撰写的《显像基色坐标变动对彩色电视复原的影响》被列为国内确定荧光粉色度值标准的参考文献之一。他还著有《关于摄影物镜光谱透过率》一书，对我国电影电视事业具有重要的理论指导意义。当时国产照相机照出的彩色照片有的过蓝，有的过红，与国外同类产品差距很大。蒋筑英夜以继日地查找原因，终于找出主要原因是国产玻璃的透过率差，他和同事通过镀膜方法很快解决了这个问题。蒋筑英还为一些彩印工厂设计了电子分色机的分色特性和镀膜要求，从而基本上解决了彩色印刷中的色彩问题。当人们夸赞他的一系列成就时，他却摇摇头说："课题是王老提出来的，许多问题也是王老和大家一起共同解决的。我是他的研究生，没作出什么成绩。"

光，明也。光分为可见光和不可见光。可见光指人眼所能感受到的光，分为人造光和自然光，可在空气、真空、水等透明物质中传播。不可见光指人眼所不可感知的波长的电磁波，包括无线电波、微波、红外线、紫外线、X射线、γ射线、远红外线等。为探索不可见光的新领域，蒋筑英又和同事一道为解决天文卫星探测光学仪器的检测问题，开始对软X光真空望远镜的研究，使我国的光学研究工作从可见、红外、紫外光扩展到更短波长的软X光。他还编制了实验控制和数据处理程序，使检测的精度达到一根头发丝的十万分之一，为用软X光射线技术检验超光表面质量提供了经验，为超短波长光学的研究工作奠定了坚实的基础。他的科研成果，不仅获得国内专家称赞，连光学技术走在世界前列的外国专家也备加赞赏，一位专家和他一道写下这方面的学术论文，被国外研究机构作为文献收藏。有了锲而不舍的精神，他的科研道路越走越宽、越走越广。

到生产实践中解决实际问题

★★★★

春蚕食几茎绿叶，吐一片锦绣，直至生命最后一息。蒋筑英就像春蚕一样，走到哪里就把自己的知识和技能全部无私地奉献在哪里。

蒋筑英成长起来了，导师王大珩特别欣慰。他在一篇纪念蒋筑英的文章中说："论起蒋筑英的才华和贡献，单纯地从他的论文来衡量是不完全恰当的。他的重要贡献，表现在科研和应用的结合；表现在学以致用；表现在以自己的知识和科研成果，尽可能多地服务于生产实际的需要。"

为了服务于生产实际，蒋筑英变成了大忙人。晚上，他在家看到电视图像不清，第二天便主动跑到吉林电视台帮助查原因，毛遂自荐讲解摄像技术。国内十几个省、市的六十多家工厂、学校和科研单位，都留下过他的足迹。

长春市几家光学企业，他也跑了个遍。在第一光学仪器厂，他说："这里基础好，应当搞总体仪器。"在第二光学仪器厂，他又说："这里技术力量强，应当发展镜头生产。"他鼓励大家："长春是全国光学基地，这几年落后了。大家加把劲赶上去，光机所作你们后盾。"第二光学仪器厂产品滞销，他亲自上门建议生产变焦距镜头。开始，镜头杂光透过率和彩色还原率达不到设计要求，蒋筑英便蹲在工厂，亲自把十几片镜片一一测量调试，终于解决了质量问题。后来，变焦距镜头被评为全省优质产品，其中35毫米电影摄影10倍变焦距镜头还获得1978年全国科学大会奖。工厂当年实现了税利33万。但是人们却不知道，当时蒋筑英正患着胸膜炎。

　　蒋筑英太忙碌了，他每天的日程表总是排得满满的。他走路一阵风，上楼也是一步两阶梯。1982年4月，杭州的老父手术后想见儿子的面，蒋筑英正在长春组织一套进口设备的验收工作，他告诉父亲："索赔期只有两个月，逾期发现毛病也无法索赔，国家要受损失，所以不能回家看你了。"他制作了一个"去向图"，上面标好他常去的十四个地方。他到哪里就把图上的指针拨到哪里，方便大家能随时找到他。他家住在长春南湖公园附近，孩子几次要求他周日带领一家人到南湖玩玩，蒋筑英却一推再推，孩子们这个小小愿望一直没有实现。可是，蒋筑英只要看到工作，就会像战士冲锋一样冲上前去。

　　1975年，吉林省公安厅、吉林省军区和江城日报社等单位从国外进口一批"玛米亚"照相机和投影仪镜头。质量怎么样？谁也说不清，商检部门找蒋筑英帮忙，蒋筑英二话没说便接了下来，他和组里同志对所有进口镜头的光学件一一进行检验，很快找出了镜头存在的像散、划伤、雾状霉点等质量问题，提供了技术检验报告，并且拍成现状照片作为证据送交给商检部门。索赔谈判是在合同规定义务不能履行或不能完全履行时，合同当事双方进行的谈判。证据是确立索赔谈判的重要法律手段。有了蒋筑英提供的技术证据，我方代表胸有成竹。这天，索赔谈判在一家大宾馆举行。开始，外商趾高气扬，说啥也不承认产品有瑕疵。当整整一厚叠检验报告摆到了谈判桌上，外商大为惊讶，他们看到蒋筑英提供的详实技术论据，不住地点头说："OK！中国人有内行！"连宾馆服务

△ 蒋筑英常说："国家的需要就是我们的责任。"他对企业遇到的困难从不袖手旁观，他受聘担任几家工厂的顾问，为他们解决了很多困难

员都拍手称快，称赞蒋筑英为中国人争了气。会后，外商很快乖乖地赔偿了十多万美元，使国家减少了损失。

光学检测是蒋筑英最拿手的技能。后来他又帮助商检部门检测了从意大利进口的大型轮廓投影仪，也及时发现了产品的质量问题，成功地获得了索赔。

春蚕到死丝方尽，像春蚕吐丝一样的蒋筑英常说："要为国家解决实际问题，甘作社会主义的铺路石。咱们要跟着技术难题走，哪里需要就到哪里去！"在北京、天津、上海、沈阳、大连……都闪动过他的身影。

春蚕在吐丝。天津电视台飞点扫描彩色电视色还原效果不好，蒋筑英凭着随身的蓝、绿、红三张透明糖纸竟然找到了毛病症结，又亲自动手帮助制作了颜色玻璃滤色片，使天津电视台的色彩还原问题得到解决。

春蚕在吐丝。上海市有一段时间电视色彩还原效果差。蒋筑英根据上海的特点亲自编制最佳色彩校正矩阵系统，并提供具体的实施方案以及技术说明，使上海电视色彩鲜艳起来。

春蚕在吐丝。为设计试制我国自己的彩色电视光源系统，蒋筑英走在长春、鞍山等几个城市之间，连续几个月奋战在实验室，亲自操作，先后解决了图像闪烁、色彩指标达不到标准的技术难题，为我国电视事业又作出了贡献。

春蚕在吐丝。一家工厂光刻精缩镜头试制出来后，一个零件跟设计不符。技术人员检查多次也找不出毛病所在。蒋筑英来到工厂连水都顾不上喝，他找来图纸仔细核算，终于找到了问题的关键。"这个间隙错了,"他指着一张图纸说,"这里应该是 0.01 毫米!"人们探头看去,图纸上标的竟是 0.1 毫米。真是差之毫厘,谬以千里呀!

春蚕在吐丝。国家一项重要工程的镜头焦距总是找不准,蒋筑英赶到后,马上动手检测,很快找到了问题所在:"这块镜片下错料了!"他的到来,使迷雾一样的问题迎刃而解。

春蚕在吐丝……

有志者事竟成。投身在生产实际的服务性工作中,蒋筑英颇有体会,他在业务自传中写道:"参加工作二十年,工作比较零碎,许多都是技术服务性工作,国家需要什么就做点什么……体会是:一、要看到国家的需要,要为国家解决实际问题。二、要学以致用,不要漫无边际地去积累知识,要为解决实际问题去学习。三、要善于向周围的同志学习,人各有所长,有的基础理论好,有的实践经验丰富。遇到问题除了自己钻研外,找适当的人讨论讨论,很快就能找到解决的办法。四、要勤动脑,勤动手,知识和技能靠不断积累。科学技术在不断发展,不勤于学习和实践就会落伍。"

蒋筑英的这段话,得到王大珩的特别赞赏,他多次说道:"蒋筑英这套治学方法,很值得借鉴和学习。"

敞开高尚无私的襟怀

每个人都要对社会负起自己的责任，这就是要为绝大多数人谋福利，吃苦在前，享乐在后，踏踏实实做对社会有益的事。

——摘自蒋筑英1982年的《思想汇报》

分住房与评职称的风波

★★★★★

"乐有所居。"住房历来是人们评价生活水平的标准，也是人们理所当然要追求的物质享受。那种"何时眼前突兀见此屋，吾庐独破受冻死亦足"的境界似乎是人们的一种梦幻想象。然而在现实中则确有其人。

上个世纪中国实行的是"福利分房"，住房是按照个人的职务、工作年限等条件分配的。1968年，蒋筑英30岁时才成家，结婚后没有分到住房，夫妻俩各自住在单身宿舍。第一个孩子降生后，妻子改住母子间。后来，他俩才搬进仅有14平方米的阴面单间，而且和楼内其

△ 蒋筑英经常教育孩子："人活着不能只为自己过好生活，要负社会责任。"图为蒋筑英和妻子路长琴，女儿蒋路平，儿子蒋路全

他住户共用厨房和厕所。难以忍受的是隔壁是公共厨房，10 个火炉 5 个靠他家墙，生火时满房灌烟。斗室里放上床和其他家具，简直没有立足的地方。蒋筑英写材料时要把床头当桌面，坐在小板凳上写字。十多年过去了，女儿长得比母亲还高，但是一家人从未提出调换住房的要求。

1981 年，光机所根据蒋筑英的条件，准备分给他一套三室的住房，单独的厨房和厕所。在别人看来，这是求之不得的好事，是一步登天的喜事。然而人们没有想到的是，住房分配方案公布的第二天，蒋筑英匆匆赶到所后勤部门，跨进门槛就对负责人说："我们谈谈分房子的事！"这位负责人对蒋筑英很熟悉，因为他在所里"争房"出了名，不过他不是为自己，而是三番五次地为别人前来争房。

所里一位老专家"文革"中被打成"特务"，房子被别人占去了一半。粉碎"四人帮"后，房子仍没有归还。蒋筑英了解情况后，带着老专家的家属来到后勤部门，和当时的负责人争得面红耳赤，激动中的蒋筑英把办公桌上的玻璃板都敲碎了。

还有一位研究员1956年参加工作，一家五口一直挤在一间住房。所里后来又分给他一间房，可迟迟搬不进去。蒋筑英又一次打头阵为他鸣不平，甚至胡克实等中国科学院领导来所视察工作时，他也当面"奏本"，一直到那位同事搬进新居。

新分配来所里工作的大学毕业生宿舍条件差，蒋筑英又去后勤部门吵了一架。

这次蒋筑英为房子的事来到后勤部门，人们以为他对自己分到的住房不满意，没想到蒋筑英却是来让房的。大家感到意外，又被感动。

蒋筑英说"我不要那三室一套的房子，给我两室的就够用了。所里还有些同志住房拥挤，把分给我的那套给住房更困难的同志吧！"

领导解释说："这次分配的住房，是落实知识分子政策专款专建的。够条件的必须给，不够条件的打破头也不给，分给你三室一套的住房是照章办事，不要也不行！"蒋筑英无话可说，只好照章办事。1982年春节前，蒋筑英一家搬进了新居。

"斯是陋室，惟吾德馨。苔痕上阶绿，草色入帘青。谈笑有鸿儒，往来无白丁。可以调素琴，阅金经。无丝竹之乱耳，无案牍之劳形……南阳诸葛庐，西蜀子云亭。孔子曰：'何陋之有？'"唐代文学家刘禹锡的这首脍炙人口的《陋室铭》，蒋筑英不知读过多少遍。在他看来，陋室不陋。甘于淡泊、安贫乐道才是情操高尚。他常说："要知足，知足者常乐。出国机会、住房条件都不是我去争来的，相反地推也推不掉。"

面对分住房、涨工资和评职称这样关乎人一生的大事，有人利欲熏心，不择手段向前蹿。而蒋筑英从来都是事事替别人着想，而把自己放到后面。

1979年，光机所学术委员会根据蒋筑英的才能与贡献，推荐破格提升蒋筑英为副研究员。这种机会是人们梦寐以求的，蒋筑英却婉言谢绝了。他找到所领导说："许多老同志贡献比我大，应当先提他们，这样对工作有利。"出国后他还惦记着这事，特意给所长王大珩写信，再一次谢绝晋升自己的职称。直到1982年，他才填写了晋升职称的报告。

行为是最好的说明。蒋筑英面对分住房和评职称的行为，感染着周围的人。他们称赞蒋筑英是一个心底无私的人，是一个道德情操高尚的人。

→ 不计名利的义务资料员

★★★★★

古今中外凡成功人士，大都与图书馆有着不解之缘。在北京大学，蒋筑英是图书馆的常客，而在长春光机所图书馆和情报室，他不仅是常客，而且是一个不计名利的义务资料员。

情报资料，是指被传递的知识与事实，是知识的激发，是解决科研、生产的具体问题所需要的特定知识与信息。谁占有更多的资料与情报，谁就可能最先获得成功。因而资料与情报往往属于机密，一般不会轻易外传，甚至有人认为这是私有的东西。然而蒋筑英却像辛勤的蜜蜂一样，在科技资料的百花园里采集着最先进、最实用的东西。又像蜜蜂一样，用蜜汁滋补别人，把知识无私送给别人。

1980年的初冬，窗外已经飘起雪花，在所情报室一间阴冷的房子里，灯光几乎每晚都亮

△ 1980年夏，蒋筑英随导师王大珩在北京颐和园接见西德国际光学学会主席罗曼教授（后排左三为蒋筑英）

着。蒋筑英捧着冻红的双手，一页页审查改写着《光学设计与检验》索引资料。全书共七千多篇资料，蒋筑英不知要耗费多少心血呀！其实，这繁重的任务并不是他的本职工作，而是他看到情报人员少，自动抽空献工来的。他认为"自己的知识不是私有，要为大家服务，知识的大门应当永远向着所有人敞开着"。外单位向他索取资料，他会连饭都顾不上吃，翻箱倒柜去找来。素不相识的人请他讲课，他会连夜加班写出八万字讲义。连半路上听说有位职工孩子学德语缺资料，他也主动把自己的发音录音带送上门。他还把自己多年积累的几千张资料卡片拿了出来，供大家查阅。几年来，他为《光学机械》《国外光机动态》等刊物及光机所的学术年会审稿一百多篇，并多次指导长春光机学院（2002年更名为长春理工大学）学生的毕业设计。

一个和蒋筑英闹过意见的人撰写了一篇学术论证报告，蒋筑英发现有的公式不对，便主动替他改过来，并且找出有关外文资料送给他，感动得那个同志不知说啥好。至于个人名利，蒋筑英总是绕开走。一些人在他的指导下写出论文，常常要署上他的名字，蒋筑英发现后总是亲笔删去。

名分，往往被一些知识分子看得很重。这本是无可非议的事。然而名分和利益连在一起，不同人却有着不同的态度。

在彩电会战的日子里，蒋筑英为解决国产镜头色彩还原不好的问题，提出用镀膜办法来解决。1981年，九室的助理研究员齐钰依据他的想法，成功地完成了镀膜实验。两人合写了一篇题为《摄影物镜的光谱透过率和色彩还原特征的校正》的论文。论文写成后，在署名问题上却发生了争执。

齐钰在论文作者署名时，把蒋筑英的名字放在了前面，见蒋筑英坚决不答应，就躲开蒋筑英自己偷着按原排序交到打印室打印。蒋筑英知道后也瞒着他来到打印室，将名字排序调了过来，把自己的名字排在了后面。

齐钰发现后，找到蒋筑英说："老蒋，这项研究的理论方案是你提出来的，不少工作也是你做的，你的名字应当放在前面，干什么要调换过来？"

"大量实际工作是你做的，这样署名最合适，你千万不要再改了！"

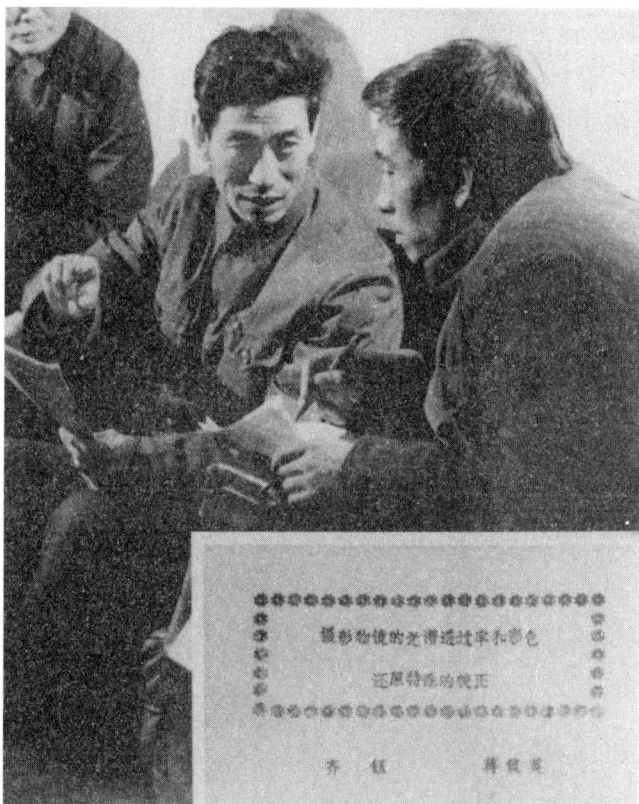

△ 蒋筑英科研道德高尚，不计名利，经常为其他同志写文稿、提供资料和科研依据。他和齐珏同志合写了一篇论文，坚持把自己的名字署在后面。这是齐钰同志在介绍当时的情况

1982 年，这篇论文得到了全国专业会议的重视，并特邀蒋筑英到厦门参加会议并宣读论文。蒋筑英推说工作忙，高兴地让齐钰到会宣读了论文。

"科研工作要搞上去，情报资料工作要先行。"蒋筑英几乎每天都要来到情报室，甘为他人做嫁衣。有的资料人员翻译外文科技文献有困难，他抢先当译员。资料室需要订购外文图书资料，他主动提供最新版图书目录，甚至登记借阅图书的蘸水笔尖坏了，他也悄悄地找个新的换上。难怪人们称他是不在编的"义务资料员"。每次出国回来，他都要详细地向领导同志介绍国外资料管理的先进方法，并把自己带回国的图书资料全部交给所情报室，甚至连外国朋友送给他本人的图书也交给了情报室。

蒋筑英这位义务资料员的工作范围是无边无际的。1977 年，光机所实验工厂年轻的工人丰文第一次参加彩色合成仪调试工作，可是苦于找不到有关资料，几天来一直愁眉不展。蒋筑英知道后，主动找上门来。他手拉着丰文，边推门往外走边说："咱们去图书馆! 我帮你查资料。一起问问不开口的老师。"图书馆里布满阳光，丰文一下子发了懵，到哪里去找需要的资料呀? 蒋筑英把他带到阅览室，指着南侧的一排书架说："这都是中文资料，其中也有翻译文章。"蒋筑英走上前去，抽出一套《电影光学》合订本递给丰文说："这里面有你需要的资料，回去认真看看。"接着，蒋筑英又带他来到外文期刊书架前，抽出一套英文期刊，他对丰文说："这里面有篇《加色航空摄影》对你一定有用。"丰文看到期刊全是外文，为难地说："可惜我的文化水平低，对英文是擀面杖吹火——

一窍不通。"蒋筑英说:"下苦功夫学就没有学不会的东西。你急用的这几篇东西,我先替你翻译过来。"蒋筑英一边安慰他,一边向他讲起查资料索引和做摘记卡片的方法,并且说:"要多读书,要多做笔记。重要的数据资料一定要摘记下来,留作备用。"说着把自己多年的笔记、卡片交给丰文看。让丰文没有想到的是,蒋筑英很快给他送来了业余时间翻译的《色度学》、《多光谱照相》、《加色航空摄影》等四篇文章,足有两万多字。

蒋筑英就是这样满腔热情帮助一个普通工人提高科学理论水平。丰文十分感动,事后他装订了一本小册子,把这四篇文章工工整整抄录下来,像宝贝似的保存,并在扉页上写道:良师好友为我译文章,革命友谊此生不忘。

这位义务资料员用知识帮助别人的事何止一两件。1978年早春的一天,夜深人静,人们都进入了梦乡。蒋筑英家的灯仍然亮着,他正在伏案疾书,连喝口水的工夫都没有。满天的星斗不时眨着眼睛,像是催促他早些休息。料峭的丝丝春风也向他袭来,像是告诫他该是结束工作的时候了。他是在为自己写论文吗? 不! 他是在为光学设计组的工程师冯秀恒修改译文。在他的笔下,原译稿被圈圈点点,八千字的译文,蒋筑英修改了足有几十处。译稿的后面又特别写上自己修改译文的意见：译文中前后名词的称谓要统一；翻译时要按照汉语的习惯来翻译，做到口语化，通俗易懂，不要按着字面直译。最后，蒋筑英写道："有些地方改动较大，是否合适，请您斟酌。"第二天一早，蒋筑英把改后的译稿交给了冯秀恒。看着修改后的译稿，又看看蒋筑英挂着血丝的眼睛，冯秀恒的眼睛湿润了。他拉起蒋筑英的手，激动地说："太谢谢你了！"蒋筑英却连声说："不用谢！不用谢！"后来经蒋筑英推荐，这篇译文在1978年的《光学机械》杂志上发表。

➡ 为国家节省每一个铜板

★★★★★

20 世纪 80 年代，我国出现前所未有的"出国热"。无论是访问学者，还是留学学生或是技术员，他们远离祖国，身居海外。他们最关心的是什么？是关注国内发展和亲人们的信息？还是自己所担负的使命？或是抢购当时国内紧俏的彩电、冰箱、洗衣机？还是游山玩水挥霍国家资金？面对这些问题，有人糊涂了。然而，蒋筑英却作出了令人敬佩的选择。

正当有人高唱"知识分子要想富，快走出国这条路"的时候，蒋筑英出国了。1979年，光机所里派蒋筑英去西德（当年称联邦德国。1990年与民主德国即东德合并，称德国）进修。在国外学习期间，他省吃俭用，处处精打细算，尽可能地节约用钱。一起工作的外国朋友请他吃饭，他不能不去。来而不往非礼也，他不能不回请人家。去当地饭店，花销太多，他舍不得。怎么办？蒋筑英发挥自己的特长，自己做饭请客。他做的中国菜可谓色香味俱全，那

△ 蒋筑英在国外节衣缩食，廉洁奉公。这是他经常穿用的条绒衣、弟弟为他买的的确良衬衣以及自制的台灯。还有他用节省下来的生活费，为单位购买的英文打字机、录音机和电子计算器

是在国内练就的。外国朋友吃了都连连称赞"太好了！"

人不可以苟富贵。半年时间里，蒋筑英的确省下了不少钱，就连在大使馆就餐，也时常买折合人民币两角钱的咸菜。有人算了一笔账，省下的钱相当于他在国内几年工资的总和。按照有关规定，节省下来的钱本可以给自己买些"洋货"，何况自己家里什么样的电器都没有，可蒋筑英没有这样做。回国前夕，蒋筑英给所领导写信，询问所里需要买什么器材，领导回信说："你在国外很辛苦，需要加强营养，不要给所里买什么东西。"回国的时候，蒋筑英用节省下来的外汇给所里买了一台英文打字机、一部录音机、十九台电子计算器和一些光学器材部件。有人劝他给自己买台彩色电视机，他却舍不得花钱。经人一再劝说，他只花六十多马克（当时折合人民币五十元），在旧货店里买了一台旧的小屏幕的黑白电视机，剩下的钱全部交给了所里。

1981 年，蒋筑英第二次出国。所里派他去英国和西德验收进口机器。这次，他同样想的是节约更多的钱，为所里添置器材。

10 月里的一天，蒋筑英飞抵伦敦。机场外车水马龙，人头攒动，正在英国进修的长春光机所一位助理研究员到机场去接他，他见走出机场的蒋筑英已是一头汗水，手里提着一个沉甸甸的箱子，便急忙跑过去。

"住处离机场挺远，你路上累了，我去叫辆出租车来。"蒋筑英一把拉住他，说："用不着，坐出租汽车花钱多，还是坐地铁吧。"

来到住处，那位同事说："你还没吃饭吧？我去买点吃的。"说着站起来要去买食品，蒋筑英一把拉住他："先别忙乎，你看我带来了什么？"蒋筑英说着便拿出一个大塑料袋。

"四川榨菜，还有湖南细粉！"蒋筑英又打开了一个纸包。"我带不少菜来，这段时间咱们自己动手开伙，多省点钱，给实验室添些东西。"那位同事心头不禁一阵发热，忙说："你带着咸菜出国学习，老蒋啊老蒋，你真把心思全用到'公'字上了！"

社会主义实行的是按劳分配，这条原则对科研工作者同样适用。他们为国家作出了贡献，理所当然要得到相应的报酬。但是金钱本身也是试金石。在金钱面前，可以考验人的情操，可以鉴定人的品质。

粉碎"四人帮"后，科学的春天来到了，在长春市科学技术协会的组织下，蒋筑英被长春第二光学仪器厂聘请为技术顾问。他在业余时间解决了不少技术难题，为工厂创造了不小的经济价值，可是每月二十元的报酬他如数交给了研究室。他解释说："这是我应当干的分内工作。"蒋筑英本人的工资不高，生活比较困难，但是从不向组织和同志们叫苦。1981 年他父亲平反时，蒋筑英给父亲写信说："目前国家经济上有困难，您不要向国家伸手，生活问题由我和弟弟、妹妹负责。"从那时起，蒋筑英每月都按时给父亲寄钱。蒋筑英本人生活上是非常简朴的。1972 年他弟弟出差路过长春，看到蒋筑英身上穿着旧的布衬衫，回去后买了一件的确良衬衫给哥哥寄来，这是蒋筑英第一次穿上的确良衬衣。

→ "不管部长"绰号的由来

★★★★★

　　1982年7月，时任吉林省委书记强晓初提出："要像学习雷锋那样学习蒋筑英。"这当然是指学习的深度和广度，但是相提并论的两个人却有着共同的特点。正像王大珩所说的那样，"蒋筑英就是科技界的雷锋"。

　　蒋筑英来到长春光机所工作的第二年，正值我国开展向雷锋学习活动掀起热潮。蒋筑英也置身在热潮中，他被人们亲切地称作"不管部长"。邻里间、研究所内外、社会上没有专门部门负责的大小事情，他都要管。在一些人看来可以不管的"小事"，或者用不着他来管的"分外事"，他也要管。

△ 蒋筑英是雷锋式的优秀人物。凡是涉及到自身利益的事，他从不向组织伸手，在调薪、提职、住房上都不争不要，先人后己。他善于从小事做起，助人为乐。这是他住过多年的14平方米旧居和自制的炉子、扇子、板凳，还有他打扫厕所所使用的工具

　　蒋筑英常说："学习雷锋，别老围着桌子学，要有实际行动。"蒋筑英原来的住房，十户共用一间厕所。脏了，蒋筑英不声不响地来打扫。下水道堵了，蒋筑英默默地去疏通，卫生检查人员从来是挑不出毛病的。大街上的事，蒋筑英也常管。他看到三机床厂门前撒有铁屑，便拿来扫帚打扫干净。他发现所院内小路有一处坏了，就捧来水泥抹好。去长影剧场看演出的路上，看到一处工地水管漏水，他也立即找人修上。许多人还记得，他在中学读书时，就曾把自己的衣服送给困难的同学，直到他40

岁在北京学习外语时，还常帮助老师拿教具擦黑板，同学们都风趣地把他称作"蒋大助教"。

一天傍晚，在工农广场公交汽车站台，一位妇女背着哭闹的孩子，手里提着沉重的行李要上车，乘务员却拦住了她，冷冷地说："你们带的东西太多了，不能上！"下班回家的蒋筑英正路过这里，见状忙上前去说："你们照顾照顾这位带孩子的女同志，让她上车吧！"乘务员见有人抱打不平，更火了，对蒋筑英嚷了起来："你算老几呀！少管闲事！"蒋筑英压住火说："咱们都要讲社会公德呀……"没等蒋筑英把话讲完，乘务员生硬地说："我说不让她上她就不能上，谁说也没用！"蒋筑英见乘务员很坚决，便跑到站台旁的车队调度室，找到车队调度员，把事情经过讲了一遍。调度员被蒋筑英的行为感动了，连忙走到站台，让那母子上了车。

蒋筑英在长春"管得宽"，在外地出差也"管得宽"。他和同事到天津办事，在劝业场附近，见到一位农民打扮的人向交通岗楼内的人问路，可岗楼里的人冷冷地回答："不知道！"尽管那位问路人一再询问，岗楼里人就是不搭理。蒋筑英见此情景立刻管起"闲事"。他走到岗楼前对里面的人说："同志！你这种态度可不对呀……"说罢，又问起那位农民的去处，帮助他找到了汽车站台，这才赶路去办自

△ 蒋筑英十分注重科研与生产的结合，经常到全国各地去学习和工作。这是他在中国科学院门前留影

己的事。

1960 年从北京大学数学系毕业来光机所工作的孙国良，1957 年曾被错误打成右派，来所工作后一直抬不起头。1965 年他准备在国庆节期间举行婚礼。谁愿意为有"政治问题"的人主持婚礼呢？一些常主持婚礼的人躲开了，孙国良犯了愁。蒋筑英站出来当起了婚礼操办人，也找来几个知心朋友，每人拿出 5 毛钱，买来瓜子、花生和糖果，又拉来不少人前来捧场。婚礼办得很简单，却很热闹。第二天，蒋筑英又带着两位新人在南湖公园拍下结婚纪念照。

与己无关的"分外事"、"不平事"蒋筑英爱管，社会上的"大事"、"公益事"他也爱管。

1980年6月中旬，长春市委举行常委扩大会议，结合长春市的实际，学习和讨论当年中央书记处对北京市建设方针的四条建议，重新修订城市建设规划，提出要努力把长春建设成现代化城市。这条新闻在报上公布以后，蒋筑英想起大学时代，恰似父亲的恩人林子扬老人利用给领导同志看病的机会，提出北京公共汽车站建立避雨棚的建议以及倡议全民植树的往事，榜样的力量使他按捺不住内心的激动，为《长春日报》写了一封热情洋溢的来信。这封信的主要内容是谈长春市如何建设现代化城市问题，并对长春市内有轨电车的噪音以及市民吃水难等问题，提出了一些很好的建议。编辑见到来稿十分激动，一位编辑说："问题提得太好了！既有长远设想，又有现实要解决的问题，作者简直像位市长呀！"报社编辑部对这封来信很重视，于7月25日转给了市政府办公厅，成为长春市规划城市很好的参考资料。

在蒋筑英看来，长春是座美丽的城市，也是他的第二故乡。建设好现代化的长春，是每一位长春市民的责任。为了建设更加美丽的长春，必须有一个城市建设规划。城市规划不能靠少数人关起门来搞，必须群策群力，依靠广大群众才能搞好。他说："城市的噪音问题、市民吃水难问题不是小事，必须作出长远改造规划，拿出具体解决措施，这样才能使市民生活得更好。"

蒋筑英对建设美丽的第二故乡一直很关心。在《长春日报》1982年3月14日2版上，蒋筑英又发表了题为《在这里摘马粪兜不妥》的来信，这封来信写道："工农广场是郊区通往市内的门户之一。有些进城的马车为了对付检查，到了广场的南口就挂上马粪兜，出城时又在这儿摘下粪兜，把倒出的马粪堆在这里，既有碍卫生，又影响市容。请有关部门派人管理。"蒋筑英信中说的这个地方，正是光机所的门前。当年是长春市市区南端，属于城乡结合部，经常是"三不管"的地方，卫生状况一直很差。长春市环境卫生管理部门读到来信后，接受了他的建议，很快采取办法解决了这一问题。从那时起，那里的卫生状况得到了根本好转。随着城市的发展，现在那里已是城市中心区的一部分，成为长春的一道风景线。

"管得宽"，在蒋筑英心中恰似神圣的事业。他每天都有大量科研课题需要探索，然而他热衷公益事业，"管得宽"精神又是那么执著，真是难能可贵，令人敬佩。正如古希腊大哲学家柏拉图所说的那样："一个人要想成为一个伟大的人，就不应该只爱他自己，也不应该只爱自己的事情，而应该只爱公正的事情，不论那件事情碰巧是他自己做的，还是别人做的。"

同样闪光的家庭生活

暑假你可以带路平、路全（指蒋筑英的两个孩子——作者注）去南湖散步，给他们讲故事，讲讲作文，怎么样练习写字，怎么做一个有高尚道德的人。

——摘自蒋筑英1981年写给父亲的信

➡ 夫妻恩爱苦也甜

★★★★★

宝石，是多面晶体，无论哪个侧面都是闪光的。蒋筑英对待自己的妻子，同样表现出感人至深的情操。

蒋筑英和路长琴是1968年3月结婚的。路长琴当年是光机所实验工厂工艺室的见习员，25岁。她出身贫农家庭，几个哥哥全是工人，可谓"根红苗正"。母亲去世得早，她是靠哥嫂抚养长大。自从认识蒋筑英后，路长琴可谓一见钟情，决心和他百年好合生活一辈子。尽管有人用蒋筑英父亲的问题说三道四，可她全然没当回事。

"寒窑虽破能避风雨，夫妻恩爱苦也甜"，蒋筑英喜欢哼几句黄梅小调，这几句戏词他自然会记得很熟。在那个年代，人们结婚时追求的物质条件是"三转一响"和"四铺四盖"。三转是指手表、自行车、缝纫机。一响是指收音机。四铺是指四条新褥子，四盖是指四条新被子。然而，蒋筑英和路长琴共同走进婚姻殿堂时，路长琴自己只买了件黑色呢外套和一身新衣，蒋筑英什么新衣服也没有添，没做一条新被褥，没打一件新家具，两个人的手腕上谁也没有手表。他们是旅行结婚的。婚后两个人分别住在各自的单身宿舍。白天，他们都有各自的工作。晚上，各自在宿舍里读书和学习，偶尔两人会像谈恋爱那样，出外约会见面，漫步在大街上。这种恰似"牛郎织女"的生活，倒也别有情趣。女儿六个月时，他们才有了简陋而狭窄的住房。两个人每月工资加起来只有一百元多点，还要资助远在家乡的弟弟妹妹。日子过得紧紧巴巴，但生活得却很甜蜜。

　　两人真像比翼齐飞的鸳鸯鸟。路长琴是个贤惠勤劳的妻子，婚后积极支持丈夫的工作，默默地承担起繁重的家务劳动。蒋筑英心中不安起来。他想："妻子身体弱，应当挤时间帮她干点家务。"一天，蒋筑英偷偷起个大早，动手做起饭来，妻子被惊醒了，蒋筑英连忙回到床边，说，"小路（蒋筑英总是这样亲切地称呼自己的妻子），你太累了，今后早上多睡会儿，我来做早饭，还能看点书，一举两得。"妻子的眼睛湿润了，心头顿时热了起来。从那时起，路长琴每天忙碌着孩子的起居，早饭时常被蒋筑英抢过来。买米买菜打酱油、刷锅洗碗洗衣服，他也和妻子抢着干。令人吃惊的是，蒋筑英在灶旁竟攻读了好几门外语专修课程，又练就了一手快速烧菜做饭的技巧。邻居开玩笑地说："老蒋大概学会了分身法。"自然，他们的饭菜是很简单的。蒋筑英在一封家书中告诉父亲："不愿意把时间花在每天的吃饭上，平常就对付一下，到周末多花点时间做点好的。"

在家庭生活中，蒋筑英可不是大男子主义，一个人说了算。大事小情都要和妻子商量，有时还要让孩子们参加。让房子是件大事，他事先把自己的想法告诉给了妻子，征得妻子同意后，才去所领导那里提了出来。

路长琴的专业是金相技术，她是个高中生，知识毕竟狭窄些。蒋筑英每次出差，常给她买些专业书籍，晚上稍有时间，便当家庭教师，向妻子进行"单兵面授"。他告诉妻子："知识和技术靠不断积累，科学技术在不断发展，不勤于学习就要落伍。"

一个星期天，蒋筑英发现妻子闷闷不乐，便关心地问道："小路，有啥不顺心的事？"

"我们研究室卧式显微镜镜片落了灰，我怕擦坏了镀膜，不敢动手"。

"走，我去看看。"

"算了吧，你好不容易有个星期天，还是明天找别人擦吧。"

"不能影响别人工作，再说你也应学会这门技术。"说着，他硬拉着妻子来到了实验室。蒋筑英一边擦镜片，一边讲解擦拭的方法。两人说说笑笑很快擦完了镜片。

人们都说夫妻两人会有许多相似的地方。在蒋筑英的帮助下，路长琴努力工作，不久从助理工程师晋升为实验师，成为技术骨干。她曾抱怨蒋筑英不顾身体，别人的事总爱去管。有了丈夫的榜样，她自己后来也这样做起来。有的同事出差在外，孩子无人照顾，她就当起"义务保姆"；同研究室里的人到国外进修，她每月都把工资袋领出来送到家中。所里分什么东西她也亲自给没在家的同事送去。秋天储菜时，她看到供菜点服务人员手冻得发僵，便送去手套取暖。现在的路长琴谈起话来，还总是"我们老蒋，我们老蒋……"像是蒋筑英就在身边。她常说："老蒋是党和人民培养起来的，我和孩子都是普通人，我们只有学习他的义务，没有沾他光的权利，更不能靠他的荣誉工作和生活。"

蒋筑英的遗像一直在家中摆放。路长琴面对遗像

△ 2012年清明时节，蒋筑英的亲人前去墓地祭奠。这是电视新闻中的一个镜头

曾这样写道：

"直到今天，我还弄不懂，世界上怎么会没有了筑英。我觉得，他不过是像往常一样出差去了——到北京，到上海，也许还远一点，到欧洲。而不久也许就在今天晚上，在孩子们正在做功课，我倚在床边织毛衣的时候，他会像每次那样，臂下夹着一个大公文包，身上袭了一团冷气，突然出现在门廊里。他会像变戏法似的从口袋掏出一叠小人书和巧克力，会立刻卷起袖子冲进厨房，还会在路过我的洗衣盆的时候，顽皮地笑着，把一方脏手帕悄悄地扔进去……"

每到清明，或者蒋筑英的祭日，路长琴都要在他的遗像前摆上鲜花，告慰在天之灵。她曾写道：

"中途离去毕竟是不堪的！然而，筑英，我时时感到慰藉的是，你的这四十三年，活得清清白白，活得实实在在，活得像个硬汉子。不错，我们很少流连于花间柳下，也没有享受过富贵荣华，可是你却真正地体味了奋斗与得胜的大苦大乐。我知道，如果让你重新选择，你还会这样生活。"

是慈父也是严师

★★★★★

慈父、严师，本是矛盾的统一体。蒋筑英都做到了，而且做得很称职，很标准。

蒋筑英有两个孩子，女儿蒋路平，儿子蒋路全。蒋筑英去世那年，路平13岁，路全10岁。

蒋筑英特别喜欢孩子，虽然他工作很忙，可始终不忘记对子女的教育。他曾多次对妻子说："父母是孩子的第一任老师，孩子能否成才，关键在父母。"当孩子懂事起，蒋筑英就教他们背"小九九"，跟他们一起做游戏，领他们到外面跑步，给他们讲故事，教他们学会生存的本事，教他们怎样做人。

路全一岁学走路时，常常摔倒后哭个不停，蒋筑英没有把他抱起，而是在旁鼓励他："孩子，不要哭，勇敢爬起来，继续往前走！"在爸爸的鼓励下，小路全越走越有劲，摔倒也不哭了。

蒋筑英说："从小就要教会孩子生存的本领，教他自信，让他知道自己行，这样，孩子长大后才会有出息。"

当孩子们刚刚懂事的时候，蒋筑英就对他们说："不能比吃穿，要比谁读书读得多。"十多年来，蒋筑英自己很少穿新衣服，也没有给孩子们买过新的。这样做一是因为家里钱少，二是要培养孩子艰苦朴素的作风。女儿路平的个儿赶上妈妈高了，蒋筑英叫她把妈妈的旧衣服改改穿，儿子路全也是穿着改制的大人衣服。有的孩子看到路全穿着大人的旧衣上学，吵嚷着围拢上来取笑他，路全像没有听见似的，照样走自己的路。他心里明白，这是爸爸让我穿的，爸爸说得对。

那是一个冬日的晚上，路平放学回来，见到家里满屋是烟，撅起小嘴跑到外面生闷气。蒋筑英见了，忙问："路平，怎么了？""爸爸，亏你还是个干部，房子住得这么小！"蒋筑英听了，笑着说："孩子！不要比谁的爸爸官大官小、房子大小，那算什么本事。心宽不怕房子窄，少年有志不比家啊！"听了爸爸讲的道理，路平点着头笑了。

尽管蒋筑英收入微薄，但对孩子的学习却积极支持。孩子刚入学时，蒋筑英常常像变戏法一样从衣袋里掏出一大叠小人书给孩子看。孩子长大后，蒋筑英又给孩子们买来《我们从小爱科学》、《爱迪生》以及有关动物、物理方面的科普书籍。他告诉孩子："书是知识的源泉，有了知识才能对人民有贡献。"

"不积跬步，无以至千里；不积小流，无以成江河。"为了使孩子养成良好的学习习惯，蒋筑英星期天上图书馆查阅资料时，也要把孩子都带去，给他们找些画报看，让他们开阔视野，养成看书的好习惯。晚上，他又把家中唯一的一张双屉桌让给孩子们写作业，自己却找来小板凳，把床当做桌子来使用。饭后，他常常要讲起故事给孩子们听，他认为，给孩子讲一个美好的故事，就等于给他们编织了一个美好的梦，给他们树立起一个做人的榜样。

蒋筑英是慈父，常常抽空和孩子们一起玩。他叠的飞机能在屋里转好几圈，乐得孩子们拍手跳了起来。蒋筑英也是严师，对孩子们的学习要求得特别严。当年，在省实验中学读书的女儿很聪明，可又时常马虎。一次，蒋筑英看到她的数学试卷没有得满分，便说："你看，又错了。"

"就差一个小数点，没啥了不起。"女儿满不在乎。

"路平呀！"蒋筑英严肃起来，"不能小看这个小数点，你将来当医生开处方，点错了一个小数点，病人多吃了药就要死的。你要当会计，点错了一个小数点，国家就要受损失……"女儿低下了头，从此学习特别认真。

既有言传，又有身教。在蒋筑英的影响下，两个孩子从小就养成了艰苦朴素的好品德和爱劳动的好习惯。他们每天都很早到校打扫卫生，即使不是值日生也干得很积极。回家后便帮助妈妈倒垃圾、擦玻璃。还帮助邻居抬煤气罐，打扫楼道卫生，邻居们都很喜欢他们。

蒋筑英逝世后，孩子们一直怀念着爸爸，那是蒋筑英离开他们四年的一个春节。路长琴在给女儿洗衣服时发现衣袋里有一封信。这是路平写给一位同学的：

"我真替你高兴，你爸爸出差两个月终于回来过春节了，你真幸福，可我爸爸也是出差走的，四年了他还没有回来。这回你爸爸一定给你买了好多新年礼物吧？记得我爸爸每年都在这两天给我买回来各种各样的好看的贺年片，可是爸爸不在了……"

读到这里，路长琴的眼睛湿润了，两个孩子马上围了过来。她抚着孩子的头说："你爸爸常说，人活着不能只为自己过好生活，要对社会负责任。他是这样做的，所以党和人民没有忘记他，也没有忘记我们母子三人。你们思念爸爸，就要像他那样生活。不是妈妈不想给你们买贺年片，你们要的那种太贵了，你们爸爸也不会同意的。买些便宜的送给同学一样表达心意。""妈妈，你不要再说了。"两个孩子不住地点着头。多年来，路平、路全一直没有忘记这一幕，处处勤俭度日。

➜ 父母膝下的孝子

★★★★★

　　孝悌是中华民族的传统美德，一个品德高尚的人，一定会是孝敬父母的人。蒋筑英是才华横溢的科学家，他有着丰富的精神世界。同时，他又不是不食人间烟火的神仙。他对家庭也有应尽的义务和责任，他对父母竭力尽责，也尽到了孝心，确实是一个好儿子。

　　1967年，蒋筑英的妈妈得了癌症。听到消息他恨不得马上飞回家，尽管工作很忙，他第一次请假回到杭州。回到家中，蒋筑英落泪了。几十年来，母亲含辛茹苦，将自己培养成人，这时正是尽孝心的时候，百善孝为先呀！蒋筑英每天清早起来，便匆匆挎起竹篮到菜市，为妈妈挑选爱吃的菜。拿回家洗净，亲手上灶，为妈妈做好饭菜。整日里，他守候在妈妈身边，不离病榻左右。妹妹小林看他晚上守了半宿，白天又过分操劳，劝他去躺一会儿休息。蒋筑英说："平常日子多劳你们在家伺候，难得我回来这几天，就让我多干点儿，也算尽一份孝心。"

蒋筑英假满回到长春，惦记着老人的病情，又写回一封深情的长信，鼓励妈妈坚强起来。妈妈把这封信藏在褥子下面，疼痛得支持不住时，就让小林拿出来念给她听。小林含着泪说："哥哥的信，比镇痛药还灵。"

父亲蒋树敏的人生是坎坷的，蒙冤二十余载。1981年10月，浙江省高级人民法院和浙江省公安厅经联合调查组复查，对蒋树敏撤销原判，按国家退休职工对待。平反后，蒋筑英生怕父亲对往事想不开，特意写信说："现在愁这些都没有用了，要向前看。德国人有句谚语，意思是结局好一切都好，让我们争取更美好的未来吧！"儿子对父亲的鼓励是奏效的。父亲收到信反复阅读，琢磨其中的道理，抄录在自己笔记本的第一页上，他写道："这是儿子对我的劝慰和希望，因此抄录在扉页上。"

儿子的话父亲铭记在心，增添了后半生的生活力量。在杭州，他常对后代和年轻人讲："人要有爱国之心，才能有所作为。我们的一切，都是党给的。"蒋筑英逝世后，老人第一次来到长春，专程前来参加弘扬蒋筑英精神报告会。会上，他没有夸夸其谈，更没有怨言，而是由衷地感谢了党和社会主义。5分钟的发言赢得了全场的3次掌声。吉林省委宣传部的一位负责人感慨地说："真是有其父必有其子呀！"老人在长春还对一位记者说："我是个饱经磨难的人，在逆境中一定要想得开，相信自己没有做坏事，要相信党。""几年前，医生把我患的胸膜炎误诊为癌症。如果我是恐癌的人，怕是一病不起了。我相信自己不是癌，最后证明我是对的。所以乐观情绪很重要。"

应当说，父亲的问题给孩子们都带来不小的影响。但是，蒋筑英是非常豁达的，他写信对妹妹小林说："爸爸这一生是很不幸的，平反后又得了重病。过去我们怪他影响了我们的前途，现在看来不能怪他。……想想那些革命老干部在文化大革命中被迫害致死，甚至他们的子女也有被迫害致死的，吃了不少苦头……这些事情只好说是历史造成的。"

蒋筑英再三开导家里人思想上不要有怨气，使父亲乐观了很多。每天早晨，老人都要去爬西子湖畔的吴山，晨练两小时。蒋筑英逝世后，老人还经常向人们讲起健身之道：首先要保持乐观情绪，遇事要思想开朗。二是要生活规律，坚持锻炼，不打乱作息时间。老人白天常看书，为当地报刊写写稿，加强脑力活动。他说："至于饮食，我一直以素食为主，每餐一菜一汤，营养力求合理，适量饮酒不吸烟。"

➔ 哥哥有颗金子般的心

★★★★★

　　金子，贵重；金子，纯正；金子，耀眼。"哥哥有颗金子般的心"，弟弟妹妹把这句美好的话献给哥哥，蒋筑英是当之无愧的。

　　家庭是社会的细胞，诸如兄弟姐妹之间的关系等家庭问题也是社会问题。蒋筑英无微不至地关心弟弟妹妹，正确地处理家庭问题，同样体现着他那崇高的道德和情操。蒋筑英排行老大，身下的五个弟弟妹妹后来分别当上了工人、教师和医生。读研究生时，蒋筑英每月工资收入仅42元，却要每月寄给家里20元，补贴弟弟妹妹的生活费用。1964年，蒋筑英帮助别人校对外文资料，得到100元稿酬，他首先想到在浙江农村当医生的二妹，就用这笔钱给她买了块上海牌手表。而他自己却用着一块走走停停的老怀表，1968年结婚时，连块手表也没有。

后来，他又给二妹寄去《妇产科学》《内科学》《产科疑难病症》等许多医学书籍，帮了二妹大忙。

蒋筑英特别喜欢小妹小林。有一年，小林的脚生疮化了脓，正在家中的蒋筑英特别着急，天天动手给小妹挤脓，小林感动得哭了。蒋筑英在大学读书时，十多岁的小林不知为什么，天天吵闹着要到北京看看天安门，可是家里哪有钱呢？探亲的蒋筑

△ 1956年，蒋筑英以优异的成绩考入北京大学物理系光学专业。他学习刻苦，十个寒暑假有八个是在学校度过的。这是1959年，他与妹妹健雄在清华校园合影

英安慰她说："别着急，将来哥哥一定带你去。"小林以为哥哥在哄她，可是三年后，哥哥果真领她到北京去了。原来，蒋筑英三年来节衣缩食，连买个冰棍都舍不得，终于为小林积下了一笔进京的费用。当小林从西子湖畔来到天安门广场时，高兴得跳了起来。她真想对着哥哥大声呼喊："哥哥呀，你真好！"

蒋筑英的话，弟弟妹妹们都信得过，都照着办。"文革"期间，杭州一带武斗猖獗，千里之外的蒋筑英几次写信叮嘱弟弟妹妹："千万不能参加武斗，那是错误的，要抓紧时间多读点书，多学点知识。"他们听了哥哥的话，谁也没有充当"造反英雄"。

蒋筑英因为父亲的问题，在恋爱中失败过。1972年，最小的弟弟也因父亲的问题，恋爱遭到了女方家长的反对，感到十分苦恼。蒋筑英听到这个消息后，几次写信相劝。他在5月22日写的一份长信中对弟弟说：

"你的信收到了。你出乎意料的事，我却是有所预料的，要不然我也不会特意交代你一定要尽量快些让他们家知道咱家的情况。我是怕在你们感情已经很深的时候，她家再不同意，这时会让你们比较为难。

"既然她家不同意，就不要再勉强。何必使别人痛苦，世界上青年有的是，能合得来的也未必就只有一个。我劝你当机立断，就算交了个好朋友。

"在这个问题上，我也是受过挫折的，思想上也曾有过一段苦恼，但是想通了也就好了。我自从经历过这么一回事以后，再交朋友，首先向对方说明自己家庭情况，首先要知道对方家庭的态度，否则不走下一步……

　　"希望你能经得起这样一次打击，心胸要开阔，要有男子汉大丈夫的气概，要经得起风霜雨雪。要把精力集中在工作和学习中，不要陷入生活的小圈子。

　　"你一定要听我的话，这是生活经验，也是付了代价得来的。一个人要善于吸取别人有益的经验，不要光凭强烈的主观意愿行事，那是最容易碰壁的。年轻人，太富于幻想，只有经过几次教训才能成熟起来。在生活上如此，在政治上也是如此。我说这些容易，做起来不见得容易，但这是最好的处理办法。我给你泼上一盆凉水，让你清醒清醒。"

　　家书抵万金。兄弟间的通信同样是抵万金的家书。那些日子，当哥哥的心总是牵挂着弟弟的婚事。7月10日，蒋筑英再次给弟弟写信：

　　"……希望你能听我的话，同时希望你能注意学习政治，学习技术，不断提高为人民服务的本领。不要把精力、时间，浪费在无聊的事情上，不要看那些内容不健康的小说。有时间多看点技术书，搞搞技术革新，为国家多作点贡献，不要陷在个人生活小圈子里。

　　"你现在正是青年时代，一生中的最好时候，要为自己的一生打下一个良好的基础。"

纸短话长，字字句句洋溢着蒋筑英对弟弟无微不至的关心，也表露出蒋筑英在恋爱问题上的高尚情操。后来，弟弟冲破了家庭问题的困扰，找到自己心爱的人组成了美满的家庭。

撼不动的人生信仰

我希望自己能够成为党组织的一员，把实现党的最高纲领当做自己一生的奋斗目标。

——摘自蒋筑英写给党组织的《思想汇报》

→ 填写《入党志愿书》的时刻

★★★★★

"我志愿加入中国共产党，拥护党的纲领，遵守党的章程……永不叛党。"面对鲜红的党旗，举起右手宣读誓词。从记事那天起，蒋筑英每当在电影中看到这样的场面，无不激动。他总是想象着有一天，自己能像电影中的人物一样，成为一名中国共产党党员。

1982 年 5 月 26 日，这是蒋筑英一生中最难忘的日子。这天，他从党部支部书记手里接到要他填写的《入党志愿书》。

共产主义信仰是对共产主义学说的信服、敬仰和崇拜。这份《入党志愿书》是自己二十多年来一直盼望得到的呀! 二十多年来，蒋筑英为

△ 蒋筑英刻苦学习马列著作和毛主席著作，他在入党申请书中写道："我觉得一个人生活在我们国家里，从小长到大，从无知到能为社会做一点有益的事情，全在于党和人民的哺育。"

了实现加入党组织的夙愿，每一天都渴望着。然而，父亲的历史问题一直是他入党难以逾越的鸿沟。他一次次申请，又一次次被搁置下来。有人劝他："像你这样背着政治包袱的人，还是谨慎点好，还谈什么入党呢！""你是业务尖子，技术职称证比党证更实惠！"蒋筑英似乎没有听到这些，入党的愿望反而更强烈了。

1979 年 10 月，蒋筑英第一次出国前的一天。夜已经很深了，孩子们早已入睡，妻子已为他备好行装，可他仍然毫无倦意，不时在屋里踱来踱去，他在憧憬着异国风光，还是牵挂着妻子儿女？

"你在想什么呢? 快点休息吧。"妻子说。蒋筑英在想什么呢？妻子猜得到。

他在想：自己读中学、大学都享受人民助学金。从一个无知的孩子到能为祖国做一点有益的事，全靠党的哺育和培养。"没有党，没有社会主义，就不会有个人的一切。"

他在想：自己读高中时，因为父亲的问题入团没有被批准，自己不知哭了多少次。看到周围有的同志入了党，真替他们高兴，而自己什么时候能有这一天呀！

他在想：粉碎"四人帮"后，自己被科学院长春分院选为学术委员。作为社会主义祖国的科学工作者，光在业务上拔尖还远远不够，还要政治上进步，把自己的一切都献给祖国，献给党……

夜更深了。蒋筑英根本睡不着觉。明亮的灯光下，他伏案在稿纸上写下"入党申请书"五个大字。他接着写道："我是解放后党培养起来的一个科技工作者。在党多年教育下，我逐渐认清了国家前途和我自己应该走的道路，……实现共产主义，要通过十几代人，甚至几十代人坚持不懈的努力。但是我坚信，这个目标一定能达到，因为这是历史发展的必然趋势。我希望自己能成为中国共产党的一员，把自己的一生献给伟大的共产主义事业。"

第二天早晨，党支部书记接到他那字迹工整的申请书，心头不禁一热：多么执著的好同志呀！

1981年，蒋筑英父亲的冤案平反了。蒋筑英更加充满信心。他给父亲写信说："要相信党，相信社会主义。我的入党问题在你的历史有了明确结论以后，就会很快得到解决的。""人总是应当有个信仰。现在有些人对入党没有兴趣，但是我想，加入党组织，是我的归宿。"

　　一片冰心在玉壶。这一天终于来到了! 最难忘、最幸福的一天终于来到了!《入党申请书》改为《入党志愿书》，蒋筑英怎能不激动呢? 几十年来，蒋筑英无数次递交的是《入党申请书》，这是自己向党组织表明入党志愿的报告,而今天自己要填写的是《中国共产党入党志愿书》，封面上十个大字像是闪闪发光，表明自己经过考察，入党条件已经成熟，开始履行入党手续。下班后，蒋筑英兴高采烈地回到家里。妻子听到这个喜讯后，高兴地说 :"这是咱们全家的节日! "立刻下厨房特意多炒了两个蒋筑英喜欢吃的菜，还拿出酒来，热热闹闹庆贺了一番。当晚,蒋筑英在《入党志愿书》上写下了这样的誓言:

　　"我的一切，包括知识、技能，都是党给的，人民给的。为人民服务，为党的事业奋斗，是我的光荣职责。

　　一个人的生命是短暂的，但党的事业则是永存的。加入党组织是我的归宿。……我愿意为实现党提出的各项战斗任务贡献自己的一切力量直至生命。"

　　这夜星光格外灿烂，案头的台灯也格外明亮。蒋筑英填好志愿书，又贴上了自己最满意的那张穿制服的黑白照片，最后工工整整署上了自己的名字。

他手捧填写好的《入党志愿书》看了一遍又一遍，不忍放下。他站起身来，像是举起了右手，又像是轻声念着入党誓词，预演起自己入党宣誓那一幕。

→ 珍贵的十万字读书笔记

★★★★★

在蒋筑英逝世不久举办的事迹展览会上，最引人注目的是蒋筑英的遗物展区。在读书笔记展柜前，常常聚来不少人。人们看到，他的读书笔记和思想汇报笔记一叠又一叠，足有十多万字，每页 16 开的稿纸上字迹工工整整。人们也看到，他读过的马列和毛主席著作，看到他在刘少奇《论共产党员的修养》书页上，标出的很多符号和字迹。

看着这件件展品，一位从事社会科学研究的专家说："一位科学家能够写出这么多的读书笔记，真是不多见的，而且这些笔记观点鲜明，

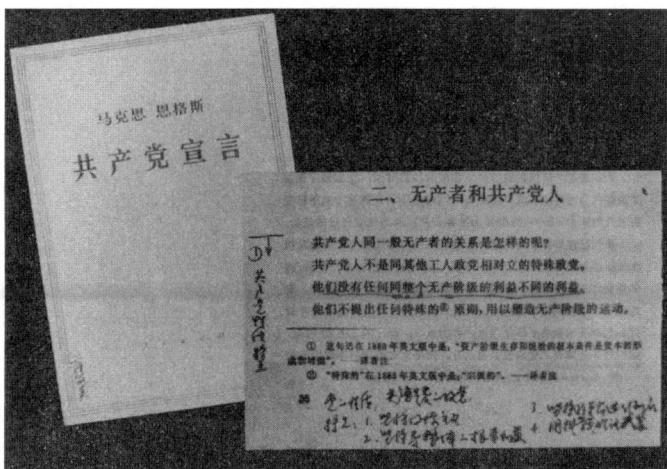

论理深刻，有理有据，真像是出自有造诣的理论工作者之手。"蒋筑英学的是理工科，后来成长为光学科学家。有人猜测：如果蒋筑英学的是文科，也一定是不错的政治思想工作者、理论工作者。因为他有着自己坚定的信仰，并用马克思主义世界观和方法论观察周围一切，是一个有思想观念和理论修养的人，是一个在重大问题上有鲜明辨别能力的人。

上个世纪70年代末，全国范围内广泛开展了历时三年的真理标准问题大讨论。在这场大讨论中，作为一个科技人员，蒋筑英也冲了上去，他挤出时间去学习马列著作。学理论的关键在于学以致用，致命问题是学用脱节，不会应用理论去分析问题和解决问题。怎样做到理论联系实际呢？蒋筑英以切身体会作出这样的回答：

"什么是理论联系实际的学习？

"（1）研究现状。ⓐ要联系当前的国际国内政治、思想、经济、文化各方面的情况，一方面要用学到的理论来观察分析这些情况；另一方面从实现斗争中总结新的理论观点，提出自己新的看法，第一步是调查研究。ⓑ要联系自己的思想现状，随时用学到的理论观点检查自己的思想。

"（2）研究历史。要联系国内国外的历史，因为理论的产生都有一定的历史背景，不了解历史条件，就不能掌握理论的实质。每个理论都要完成一定的历史使命，要联系历史首先得占有历史材料，同时对历史要有正确的观点。"蒋筑英在哲学学习笔记中如是说。

"必须经常地用共产主义世界观和无产阶级的立场去观察社会，检查不正确的思想、不正确的思想方法……检查的标准有五条：ⓐ很好的共产主义道德，坚定的革命气节；ⓑ革命的勇敢性，是否随波逐流，是否敢于公开地承认自己的缺点；ⓒ真正地学到马列主义的理论和方法；ⓓ对党和人民最诚恳、坦白；ⓔ高尚的自尊心和自爱心。"蒋筑英在学习《论共产党员的修养》的笔记中如是说。

孔子曰："学而不思则罔，思而不学则殆。"蒋筑英把读书和现实生活联系起来，学以致用自然有了行动的指南，他才成为一个有信仰的人、一个品德高尚的人。

同样在上个世纪 70 年代末，一些资产阶级自由化的"精英"

们同国际上的反共反华势力遥相呼应，夸大党的失误，否定党的领导。同时社会上又出现了一种"共产主义渺茫论"和"信仰危机"。那么怎样看待建国以来我们党所经历的挫折？蒋筑英这位曾受到多次挫折的人面对否定党的领导的奇谈怪论，坚定地站了出来，从理论上作出这样的回答：

"由于我们党这些年，尤其是在'文化大革命'期间犯了很多错误，影响了社会主义事业的胜利发展，于是不少人对党不那么信任了，对社会主义制度的优越性产生了疑问……。我对这个问题的看法是，只有中国共产党才能作全中国人民的领导核心，团结的核心。只有社会主义才是中国的真正前途。这已是中国人民数十年革命斗争历史所证明的。我国是一个人口众多的多民族国家，没有一个坚强的团结的核心，就会四分五裂变成一盘散沙，任人欺辱宰割。"蒋筑英在 1981 年 4 月 15 日《思想汇报》中如是说。

"任何政党也和人一样，不可能不犯错误。新中国成立之前，党也是在同各种错误作斗争中成长起来的。解放以后在社会主义建设中，党由于缺乏经验，也犯了各种错误，但是党有能力改正错误，带领人民不断前进，其根本原因是党的纲领代表了全国人民的根本利益，并且有毛泽东思想作为自己的指导思想，就能不断战胜困难和挫折，犯了错误也能改正。"蒋筑英在 1981 年 4 月 15 日《思想汇报》中如是说。

"这几年社会上出现一些消极的思想，崇洋媚外，对社会主义制度产生怀疑，对'只有社会主义才能救中国'产生动摇，对前途失去信心等等。这些消极的东西，向我提出了一系列问题：怎样认识发达的资本主义？怎样认识社会主义的优越性？什么是中国的前途？中国实现四化应当走什么道路？等等……通过对西德和中国两个根本不同的社会制度的对比、分析，使我对一些问题有了比较明确的

△ 蒋筑英十分关心国内的光学仪器生产，在国外他经常深入企业考察，把学到的先进技术应用到国内的生产实际中去。这是他参观西德肖特玻璃厂后的留影

认识，因而更加坚定了对共产主义的信仰，对中国共产党的信任，对社会主义前途的信心。"蒋筑英在1980年7月29日《思想汇报》中如是说。

蒋筑英立场坚定，旗帜鲜明，在坚持四项基本原则，反对资产阶级自由化的这场关系到党和国家命运的斗争中说得是何等深刻呀！

上个世纪80年代初，我国出现"出国热"。那年，我国向世界五大洲五十四个国家先后派出的公费留学人员达一万八千多人，还有自费留学生七千余人，以及访问学者、工程技术人员和经商人员等。伴着"出国热"，崇洋媚外思潮也随之而来。另一方面，排斥外国一切，认为"外国的东西再好中国学不了"的论调不时鼓噪着人们的耳膜。怎样看待这个问题？有着共产主义信仰必然懂得唯物辩证理论，两次出国的蒋筑英辩证地作出这样的回答：

"资本主义社会在物质生活丰富的同时，精神生活却日趋贫乏，吃喝玩乐成了生活的目标。劳动就是为了挣钱，挣钱用于吃喝玩乐成了天经地义，追求金钱、地位无可非议。尤其现在年轻一代，爵士乐、摇摆舞，成了生活中不可缺少的东西，因为精神空虚，就要寻求刺激，赌博流行，吸毒现象严重，人与人之间关系变得越来越冷酷，越来越商业化。这些社会弊病是资本主义的致命伤，是无法克服的，只有在社会主义制度下，才能培养出具有远大理想、高尚道德修养的一代新人，才能建设高度文明的社会。"蒋筑英在1980年7月29日《思想汇报》中如是说。

"外国并不是一切都好。发达的资本主义国家确实有值得我们学习借鉴的地方，他们有比较先进的科学技术，有一套适应社会化大生产需要的经济和技术管理方法。……这就要学习外国的对我们有用的先进科学技术和一套管理方法。"蒋筑英在 1980 年 7 月 29 日《思想汇报》中如是说。

不少人到国外学习往往是两手空空地回来，或者摆摆花架子。蒋筑英既看到资本主义社会的本质，又看到值得学习的地方，他没有停留在口头上，而是践行着自己的辩证唯物主义世界观和方法论。1980 年，蒋筑英到西德地外物理研究所的目的是学习 X 光望远镜方面的技术，半年时间很好地完成了任务。同时，在这里他也学习了不少工作任务以外的东西，并介绍到国内，转化到实际工作中。他说："这个研究所一共有三四个大题目，每个大题目下面分许多小题目，每个人都独立承担一个或几个小题目，这样就可以充分发挥每个人的作用，又便于检查工作成绩。实验条件由工程师、技术员负责准备，你只要提出要求就行了，分工很明确。管器材的深入到实验室，知道要买的东西干什么用，有什么要求。图书资料服务到第一线……这样，研究人员就可以集中精力搞研究，充分发挥他们的创造能力。"

蒋筑英没有在国外白白浪费时间，经常把自己的体会告诉大家。他说："要更好地向技术先进的国家学技术，必须加强外语基础训练……我认为，我们国家从中学开始就要加强外语的口语训练，大学外语课也应把重点放在口语上，阅读能力可以通过自学不断提高，口语能力是要通过训练才能掌握的，而且应该在年轻的时候学。像我们这样四十来岁了，再学口语就比较困难了。"这是切身体会，也是经验之谈，特别对青年人大有益处。

信仰是人的一种高级的精神活动。有了信仰，人们就有了精神寄托，有了行动的指南。蒋筑英就是这样一个有着坚定共产主义信仰并能用理论解释信仰的人，一个理论联系实际的人。

→ 心中装着祖国的尊严

★★★★★

祖国，在蒋筑英心中高于一切，大于一切。在国外的日子里，这就是他的信仰。

1979 年和 1981 年，蒋筑英两度出国。出国前，他都要跑到书店和报刊门市部，买来《人民画报》、《解放军画报》、《北京周报》等杂志带上。同事好奇地问："出国带这些干啥？""用处大了！"蒋筑英回答道。有人偷偷地翻看了他准备装进行李中的杂志和画报，原来里面都载有表现祖国建设发展变化的资料和图片。既有长江、长城和北京天安门、上海外滩的风光照，又有西藏、新疆少数民族地区人民的生活照。蒋筑英说："有些外国人不太了解中国，让他们看这些东西长长见识！"

1979年，在西德，蒋筑英结识了不少外国朋友，既有专家、技术人员，也有工人、厨师和司机。无论是在实验室，还是假日里去做客，他常常拿出在国内买来的画报、杂志，用娴熟的德语与这些人聊天。一边翻着画报，一边眉飞色舞地讲起上年底召开的中共十一届三中全会带来的改革开放喜讯，又讲起这一年先后发生的中美建交、中国恢复国际奥委会合法席位以及深圳、珠海试办特区的新闻，也时常津津有味地讲起长江、黄河和长城的古老故事。外国朋友听得都入了迷，慢慢地了解了中国的伟大。聊天中蒋筑英了解到"在西德没有铁饭碗，不好好干就要失业，或只能干收入少的工作。因此他们感到压力大，不得不好好干"。一位司机每天工作繁忙，听到蒋筑英的介绍，他没有讲起他们国家的莱茵河传说，却深有感触地对蒋筑英说："中国是一个重要的国家。"他希望中国迅速富强起来,赞成中国现代化建设的政策。1980年4月，蒋筑英在《出国学习小结报告》中谈起这件事时说："这位司机的话代表了多数西德朋友的观点，我认为只有全国人民上下齐心合力，加快社会主义现代化建设，使祖国尽快强大起来，才能在世界上起更重要的作用，对维护世界和平起重大作用，对人类有所贡献。"

在英国，1981年10月的一天，英国伦敦的白金汉宫前游人如织，两伙中国人巧遇在一起。两个来自祖国宝岛台湾的人走到蒋

△ 党的十一届三中全会以后，组织上曾两次派蒋筑英到国外工作和学习。在国外，他也学以致用，勇于探索，在理论和实践的结合上下功夫。这是他在西德地外研究所实验室留影

筑英身后，试探地问他："你是大陆来的？听说那里经济落后，搞科研的人受压呀。"蒋筑英扬起双眉，马上反驳道："大陆人都在同心同德搞四化，经济形势越来越好，暂时的困难会很快克服的，知识分子都是心情舒畅地干工作，你们不信可以到大陆看嘛！"此时蒋筑英再也无心欣赏大理石台阶上的自由女神像，也无心倾听英国王室爱情凄美与神秘的故事。他又向两个人讲起了叶剑英委员长统一祖国的九项主张，讲起全国人大常委会发布的最为著名的《告台湾同胞书》，讲起两年前停止炮击金门、马祖等岛屿的事。他告诉两人："实现祖国统一是人

心所向，大势所趋。"那两人疑惑地说："什么统一？统一就等于同化呀！"蒋筑英反问道："我们都是炎黄子孙，本来就是同一个国家，有什么同化不同化呢？海峡两岸迟早会统一的。"那两个人似乎明白了什么，哑口无言地走开了。事后，蒋筑英对人们说："我们是祖国派出来的，要处处维护党和国家的尊严。"

祖国，在蒋筑英的心中就像母亲一样。每次出国回来，他都要做好这样几件事：一是写好总结，包括给所里的和给科学院的书面总结。二是上交资料。三是向党组织做思想汇报。四是向同事介绍国外情况，宣传社会主义制度的优越性，鼓励大家树立民族自豪感和自信心。

永远感动着中国

一个人的生命是短暂的，但是党的事业是永存的……，我愿意为实现党提出的各项战斗任务，贡献自己的一切力量直至生命。

——摘自蒋筑英的《入党志愿书》

→ 生命的最后四天

★★★★★

人固有一死。蒋筑英面对死亡，像战争年代董存瑞炸碉堡、黄继光堵枪眼一样壮烈英勇；像和平年代刘英俊拦惊马救儿童、向秀丽烈火中抢救国家财产一样可歌可泣。他死在远离家乡和亲人的地方，死在浸满汗水的工作岗位上。人们不会忘记，他那生命最后四天匆忙而疲惫的足迹，他那催人泪下的生命最后一息。

1982 年 6 月 12 日，星期六。长春阴间多云 16℃ -32℃

这是蒋筑英心身疲惫的一天，整日里，他的脸色明显憔悴，眼球发黄，却坚持和有关专家探讨着测试和遥感技术，参加了所内卫生大扫除。下班前，他和同事们一起，在新建的实验室墙上打孔，安装窗帘钩挂。挂钩安好后，地上还剩下一些水泥。下班时间到了，他没有回家，用这些水泥修补院里一处破损的柏油路面。吃过晚饭，他拿起工具又去帮助邻居家修理下水道，8点多钟才回到家里。

晚上，妻子路长琴给他收拾出差携带的东西，见他疲惫的样子说道："你这几天腹部总痛，叫你去医院看医生，你总推说明天明天。你这身体能走吗？""这次领导派我到成都任务重，不能推，出差只有一星期，回来一定到医院检查一下。"蒋筑英安慰妻子。

妻子清楚地知道，这一年里蒋筑英日夜忙个不停。为了尽快建立一个全国一流的大型实验室，他的门牙脱落了，抽不出时间去镶。同事们眼看他高大的身影日渐消瘦下去，也都担心着。有人问他："老蒋，最近你咋这么瘦呢，脸色也不好，是不是有啥毛病啊？"他指指右肋说："就是这块儿有点疼。"究竟他暗中忍受着多么大的痛苦，谁也说不清。妻子给蒋筑英理发，推子总是不听使唤。原来他这些日子实在太瘦了，理发特别费力。

早在5月，蒋筑英的病情加重，很多人发现，无论开会还是测试仪器，他总是用手抚摸着腹部。大家劝他去看病，他却说："现在测试工作忙，离不开。"6月初，又有人劝他住院治疗，他仍然说："光机所建所三十年的日子就要到了，忙一阵再说。"直到他这次去成都工作，仍然向领导隐瞒着病情。

6月13日，星期天。长春多云间阴有小雨 30℃ -32℃——成都多云间晴 20℃ -28℃

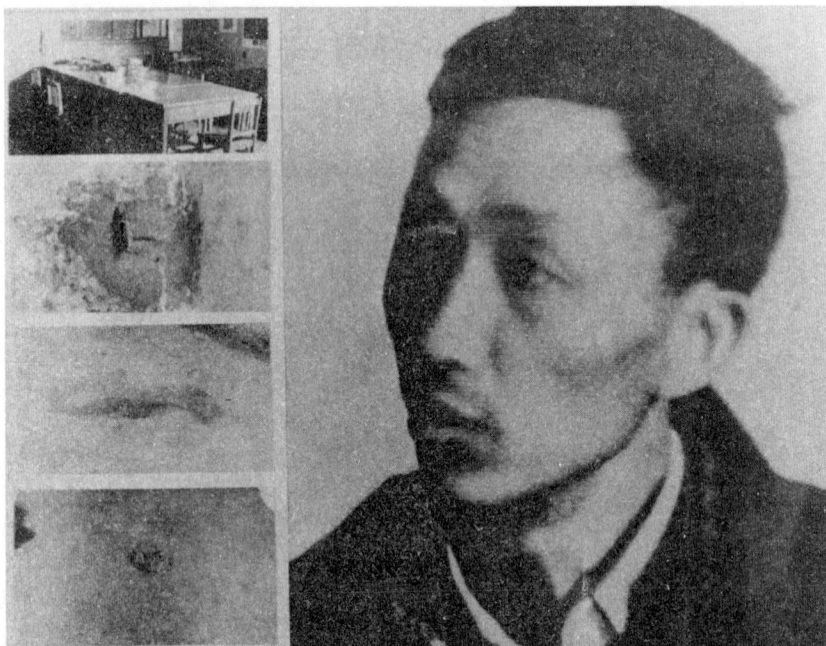

△ 1982年6月12日，蒋筑英带病坚持工作。他在出差前一天，参加了十四室召开的色度学讨论会，帮助杂光室安置窗帘挂钩，修补装校车间水泥地面，晚上为邻居修理下水道

这是蒋筑英劳累 20 小时的一天。凌晨 4 时，天还没亮。蒋筑英起床，他把前一天剩的米饭加上些水，煮成稀饭当早餐。妻子让他煮 6 个鸡蛋带在路上吃，他煮了 4 个，自己带 2 个，留下 2 个给孩子。5 时，蒋筑英踏着茫茫的晨雾赶去机场。多么美丽的城市呀！车窗外宽阔笔直的斯大林大街（1996 年更名为人民大街）、绿树成荫的人民广场、商家林立的西安大路……晨曦中长春熟悉的街路从眼前一一闪过。汽车一路通畅，不到半小时便到达了长春大房身机场。（2005 年 8 月，长春民航迁至龙嘉机场）

7点30分，他从长春起飞到成都验收真空模拟装置。飞机滑出跑道，冲上蓝天。蒋筑英透过舷窗深情地望着眼下那片热土。他在寻找着自己工作的光机所？还是寻找着自家附近的南湖公园？可是眼前的一切很快就模糊了，留下的只是几朵白云。谁也没有想到，这是蒋筑英和他的同事、他的妻儿和他工作二十年的长春大地的最后一别。

　　"候鸟！候鸟……！"蒋筑英这几天总是叨念着这句话。他似乎在告诉人们：候鸟跟着气候飞，我要跟着技术难题走，哪里需要就奔向哪里。

　　"手帕忘在床上了！"这是蒋筑英临行前留给妻子的最后一句话。他似乎告诉亲人：我很快会回来用的！

　　机舱内，蒋筑英手捧着一本《德语学习》杂志，一直在认真读着。

　　下午4时05分，蒋筑英和所里的另外两位同志一起抵达成都。5时多，他们住进科学院成都分院招待所。当晚7时，他召集验收组的人员开会，直到深夜11点半钟才结束。

6月14日，星期一。成都阴间多云 20℃ –26℃

　　这是蒋筑英被病魔折磨着的一天。7时50分，蒋筑英拖着疲惫的身躯从招待所出发，换乘两次公共汽车，又步行三段路，8点50分到达成都南光机器厂。蒋筑英忍着已经发作的病痛开始工作，他手捂着腹部，沿着长70米的X光望远镜真空模拟测试装置走了几个来回，认真做着验收与检测，一刻也没有休息。下午，他腹部痛得厉害。但他还是弯着腰同有关人员讨论着第二天起草

△ 1982年6月13日，蒋筑英带病赴成都南光机器厂参加验收工作。这是他逝世前，强忍病痛验收的长70余米的"X光望远镜真空模拟检测装置"

验收仪器装置报告的事。讨论会一直持续了四个小时。晚上，有人要出去散步，有人准备观看当晚电视转播的第十二届世界杯足球赛开幕式。蒋筑英实在无力再走动了，扶着墙走到二楼客房，自己躺在了床上，在他眼前的一切似乎都飘动起来。

深夜11时多，蒋筑英腹痛更加难忍，豆大的汗珠布满额头。同事们把他送往医院急诊室。医生为蒋筑英注射了消炎、止痛的针，这能起到治疗效果吗？为什么没有得到及时手术呢？为什么此时没有住进医院呢?

6月15日, 星期二。成都阴间多云 20℃ –26℃

这是蒋筑英告别人世的一天。回到招待所后, 蒋筑英的疼痛一直没有缓解, 反而更加厉害。同志们都守候在他身旁, 谁也无心去观看正在直播的足球比赛。经过十多个小时周折, 蒋筑英终于在 11 时住进四川医学院附属医院病房。病痛在无情地折磨着蒋筑英, 可他却劝陪护他的同事说 :"你们为我一宿没睡了, 快回去休息吧!" 还对四川工厂的来人说 :"谢谢你们, 快回去工作吧!" 为了不给别人添麻烦, 硬是不用便盆, 坚持自己去洗手间。此时的蒋筑英, 想的还是别人。下午 3 时多, 他的病情恶化, 开始吐血, 同事用杯子为他接血, 血不一会儿就接满了杯⋯⋯

病房里静悄悄的, 令人窒息。医生们为蒋筑英写下最后的诊断:"肿瘤压迫导致胆管狭窄! 化脓性胆管炎! 败血症! 感染性休克! 急性肺水肿!" 仅有 32 开的一张薄薄的纸片, 白纸黑字, 像是判决书一样, 是那么无情! 那么残酷!

谁能想象到, 这样一名患有多种病症的人, 生命的最后一息仍在想着自己穿在身上的背心是别人借给他的, 他用尽最后的气力说出了人生最后一句话 :"可别把⋯⋯人家的衣服⋯⋯弄脏了!"

这是一个多么令人悲痛的时刻。下午 5 时 03 分, 蒋筑英心脏永远停止了跳动。年仅 43 岁。

又是一个令人难以置信的事实。蒋筑英的遗体静静地躺在病理解剖台上。他那 1.82 米的身躯仍然那么高大挺拔, 他那消瘦的脸庞仍然那么坚毅从容, 几天前妻子为他修剪的头发仍然那样乌黑齐整。此时，无影灯下，一位华西医科大学的女医师正在为他做病理解剖。她发现，蒋筑英胆囊肿得像气球，挤压胆囊发硬，流不出胆汁。仔细一看，原来在胆囊颈处有一个鸽蛋大小的肿物完全堵塞胆囊口，胆囊腔内盛满了绿棕色胆汁，说明有出血与绿色胆汁相混。

女医师听说眼前的人患有这样严重的疾病，生前却从不言病，她落泪了。她意识到这是一位毅力超坚强的人，一位不平凡的人。

是啊！不平凡的人就这样走了。走得那样匆忙，匆忙得连对亲人的最后遗嘱都没有。

⊙→ 无穷尽的哀思

★★★★★

人们无法相信这是事实。6月15日晚，北京格外闷热。坐落在中关村的北京友谊宾馆尽管是绿色琉璃瓦屋顶，尽管院中的喷泉水柱冲天，但也难挡暑气。正在这里开会的王大珩听

△ 1982年8月27日《长春日报》在全国最早刊登的蒋筑英人物通讯

到蒋筑英去世的消息，无法相信。67岁的老人急得忘记身边还有电梯，一口气从二楼拾级而上跑到五楼客房，操起长途电话焦急地向成都发问。当这位亲手培养蒋筑英成长起来的老前辈确认噩耗时，禁不住流下热泪，连声叹气说："难得的人才啊，中国科学院刚刚决定把光机所领导重担加给他的时候，他却离去了……"

王大珩怎能不痛心呀！二十年来，师生两人相处如家人，知己知彼。如果人们向蒋筑英了解王大珩，蒋筑英能滔滔不绝地讲起王老的许多故事来。从 1949 年由英国回国，到顶着"四人帮"的压力搞科研，从主持全国彩色电视攻关会战到辅导研究生撰写论文，蒋筑英介绍得那么详尽，甚至王老十年前出差时随身携带什么样的计算尺和三角板，都讲得清清楚楚。

而蒋筑英又是王大珩的得意门生，他对蒋筑英倾注了满腔的心血，是位雕琢美玉的人。谈起两人的往事，他自然伤心落泪。他事后在一篇文章中写道：

"有人说我是如识玉那样看到了蒋筑英。这实在是过誉之词。我们应当看到，蒋筑英完全是在新社会在党的抚育下培养成长起来的。没有党就没有蒋筑英。如果说谁把蒋筑英雕琢成美玉，那么，首先是少年时代对他进行社会主义教育的启蒙者；再则是高中和大学里的识玉者。以至他到光机所，则他的德才已是明显的了，只是再做一些精雕细刻而已。所以应当说，识玉者是党。"

玉不琢不成器。王大珩是名副其实的琢玉者，是影响蒋筑英一生的三个重要人物之一。另两位则是蒋筑英的心中偶象居里夫人和恩人林子扬。蒋筑英正是以他们三人为终生榜样，历练了报效祖国的崇高品格、奉献事业的忘我精神和高洁无私的宽阔襟怀，走完了自己光辉的一生。

6 月 16 日，曙光初照。草坪上的露珠在闪动，像是人在哭泣。蒋筑英再也不能回来了。人们像往日一样，穿上洁白的工作服，换

△ 在蒋筑英的办公桌上，遗留着他没有完成的《建设光学检验系统和像质评价实验室规划》以及其他学术论文和外文译稿，还有为长春生物制品研究所检验的三瓶葡萄糖

上拖鞋，经过空气净化室，再次走进蒋筑英的办公室，不过这次是眼含泪花来清理他的遗物的。实验室旁那台中国第一台光学函数测量装置静静地坐落在那里，似乎在等待它主人的到来，但是主人永远见不到它了。

东北角办公桌前的椅背上放着的蒋筑英的白大褂工作服，依然是那么干净。办公桌的抽屉里，整齐存放着两千多张文献资料卡片，这是蒋筑英二十多年的积累。

办公桌桌面上，首先映入人们眼帘的是那本刘少奇同志的《论共产党员的修养》，这是蒋筑英前几天填写《入党志愿书》时读过的。里面有不少蒋筑英读书时标出的符号。

在桌面上，放着他为光机所建所 30 周年而撰写的《光学检验 30 年回顾》、《1982—1990 年建立光学系统检验和像质评价实验室规划》两篇文章。文章描绘了中国光学事业的蓝图，句句凝结着蒋筑英的心血。

办公桌上还有蒋筑英摘译的十多篇文章，其中不少是为别人工作需要完成的。还有《光学学报》、《光学机械》杂志编辑部送来请他审阅的稿件、年轻人求他帮助修改的论文，以及为两个全国性专业会议准备的材料。

桌面的一角，还摆放着三瓶液体。那是长春生物制品所送来请他帮助进行光学分析的，然而这个任务他永远不会完成了。

望着桌面上的那些遗物，同事们眼睛湿润了。此时距离蒋筑英去世不到 24 小时，他们多么希望蒋筑英再回来坐在办公桌前继续他的工作呀！

悲痛中的人们没有忘记他生前的夙愿。6 月 16 日下午，长春光机所第四研究室党支部召开党员大会，讨论蒋筑英的入党问题。这是一次特别的支部大会。入党申请人没能按党章要求出席，只有一份生前填写的志愿书。大会是严肃的，但却笼罩在悲痛的气氛中。

大家争先恐后发言说：

"蒋筑英热爱祖国热爱党，坚定地信仰共产主义。"

"蒋筑英公而忘私，献身科学事业，他的思想闪烁着共产主义光辉。"

"蒋筑英达到了共产党员的条件！"

"蒋筑英生前没有加入党组织，这是他一生最大的遗憾！"

"同意蒋筑英加入党组织这是对他在天之灵的最大安慰。"

参加会议的党员眼里噙着泪水，郑重地举起右手，一致同意接受蒋筑英同志入党，并请求上级党组织追认他为中共党员。

7月8日，又是一个悲恸的日子。

这一天，吹到光机所大院的风似乎停止了脚步，凝固默哀。

这一天，光机所大院的松柏似乎也低下了头，肃然致敬。

蒋筑英的追悼会是在光机所礼堂举行的。这是多么熟悉的地方呀！多年来，蒋筑英曾和同事一起，在这里聆听导师的讲话，也曾和同事一起，在这里参加纪念和庆祝活动。还曾和亲人们在这里一起观看电影和文艺表演。谁也没有想到，今天这里竟成了他最后告别同事和亲人的地方。会场布置得庄严肃穆。鲜花和翠柏中，悬挂着蒋筑英的遗像。他还是那么年轻，充满朝气。两眼还是那么炯炯有神，仿佛在诉说着什么……

人们怀着沉痛的心情，胸佩素馨的白花，从四面八方赶来。全场泣不成声。原准备五百人参加的仪式，结果来了上千人。中国科学院、吉林省委、长春市委和北京、上海、成都、沈阳、哈尔滨等地的近百个单位送来挽幛和花圈，长春光机所的挽联对蒋筑英的一生作出了公正的赞誉：

坚持马列光明磊落忘我工作对祖国无限忠诚

刻苦钻研才华横溢不计名利为四化鞠躬尽瘁

导师王大珩致悼词，声泪俱下。追悼会上全国不少知名人士发来唁电。我国著名的物理学家、光学家、中科院院士、天津南开大学教授母国光在唁电中痛心地说："这样一位我们寄以极大希望的同志去世，是中国光学界的重大损失！"蒋筑英年迈的父亲也让亲人送来了催人泪下的悼词："作为爸爸来追悼儿子，这心情是沉重悲痛的！但是，你一心为公，忠于科学事业以身殉职的精神，永远值得我向你学习。"

哀乐回荡，泪飞如雨。人们前来不仅是和死者作最后的诀别，重要的是表达对死者的怀念，是对死者光辉一生的敬仰。

追悼会上宣布：中共吉林省委根据蒋筑英生前的表现和遗愿，追认他为中国共产党正式党员。

斯人已逝，光辉永存。蒋筑英获得了他应当得到的荣誉。然而，他的英年早逝，却给人们留下了更多的思考。

人们思考着：蒋筑英为什么过早地离去？人到中年，压力重重，英年早逝，令人惋惜。正如我党思想理论文化宣传战线卓越领导人、时任中国社会科学院名誉院长胡乔木同志后来撰文说的那样："我们为什么不能更早地注意到他们的病情，在来得及的时候挽救他们的生命？我们经常提倡自我牺牲，但是这不是说一个共产党员或先进分子的生命和健康就不重要。生命和健康，这是我们战胜一切敌人而建设伟大的社会主义祖国的资本，它们不属于我们个人而是属于祖国和人民的，对于党员，就是属于党的。"当年中年人，特别是中年知识分子的健康是一个带有普遍性的问题。蒋筑英的英年早逝引起了社会上重视知识分子的待遇问题。中央一些领导同志先后发表文章，呼吁各级部门要彻底肃清"左"的影响，真正落实知识分子政策，政治上充分信任他们，工作上充分使用他们，生活上充分照顾他们，为他们创造良好的工作环境。很多单位定期为知识分子检查身体，就是从那时开始的。从一定意义上讲，蒋筑英的早逝成了中国知识分子待遇得到提高的一个新起点。

人们思索着：怎样把蒋筑英的事业继承下来？当年，人们从祖国各地、从世界各地发来悼念信。他一位在美国的同学来信这样写道："……信也未必能给人安慰，但还是写了！我们的国家需要他，在这个时候，在这样的年纪却离开了！在这里，特别感到惋惜和伤痛……没有大话可说……我会跟他这样的人去做。会的，一定会的。很多人都会的！”全国各地学习蒋筑英的活动迅速开展起来了。

有人在一首歌颂蒋筑英的诗中这样写道：

你毕生研究光探寻光的秘密，

以光照亮共和国绚丽的彩图。

你通晓英德法日俄五种文字，

常为同仁翻译文献甘尽义务。

你是社会主义的铺路石，

你用信仰铸就光彩的一生。

蒋筑英，你并未离我们远去，

你的生命正在祖国事业中延续。

说你是平凡中的英雄，

不如说你是一粒种子落进沃土。

我听见风在歌唱，云在起舞，

春雨催生，神州挺立起一株株参天大树。

是的！蒋筑英的精神被一代代传承下来，千万个蒋筑英式的科技人才在成长。1999 年 7 月，长春光机所已与长春物理所合并，称中国科学院光学精密机械与物理研究所，迁到长春市新建的科技大楼。新一代的蒋筑英正在这里创造着新的奇迹，建所以来先后有 22 位在这里工作的优秀科学家当选为两院院士。中国科学院院士、长春光机所原所长王家骐是我国载人航天工程的功臣，是比蒋筑英低一届的研究生。他说：“蒋筑英比我干得好，如果他还在，一定是位院士。"在他们的心中，蒋筑英没有死，他还活在每一个人的心中，激励着人们为中华民族新的崛起，攀登科学技术的高峰而奋斗。

党和国家没有忘记蒋筑英！人民没有忘记蒋筑英！2009 年，胡锦涛等党和国家领导人亲切地接见了蒋筑英的夫人路长琴和其他"双百"人物代表。中国科学院、吉林省及长春市领导同志也常到蒋筑英家看望。清明节前后，总会有许多人前往陵园为蒋筑英扫墓。每年都会有全国各地的来信对蒋筑英的亲人表示慰问。当年全国政协副主席、原中国科学院院长卢嘉锡等来长春，刚下火车便赶到蒋筑英家探望。全国学雷锋标兵朱伯儒及夫人也专程到蒋筑英家做客，为孩子们送来《中国近代史》等书籍。社会上许多相识的、不相识的人都对他们一家人很关心。他家附近的部队、学校、商店经常有人来到家中帮助干活。蒋筑英的一双儿女都已成家立业，儿子蒋路全在省地税部门工作，女儿蒋路平在长春一所大学任教，他们都有了自己的孩子，蒋筑英孙女正在小学读书，外孙女今年参加高考，成绩优异。全家老小都生活得很好。

"生前令人敬仰的人并不一定是伟大人物，历史才是对一个伟人的真正考验。"英国一位著名评论家这样赞颂伟大的人。光荣啊，蒋筑英！伟大啊，蒋筑英！三十年过去了，你经受了历史的考验，你仍然行走在人民中间！你走得步伐矫健，你走得意气风发，你走得引人注目！你实现了自己的信仰和追求，人们也从你的身上看到了中国知识分子榜样的永恒力量，看到了你那颗永远感动中国的赤诚的心。

附　录

痛惜之余的愿望

胡乔木

一个多月以来,《光明日报》几乎每天登载着模范党员、吉林长春光学精密机械研究所副研究员蒋筑英同志的事迹和纪念他的文章,《工人日报》几乎每天登载着模范党员、陕西骊山微电子公司工程师罗健夫同志的事迹和纪念他的文章。这两位同志,一位6月15日在成都去世,终年仅43岁;一位6月16日在西安去世,终年仅47岁。方毅同志、倪志福同志和其他同志都已经写了文章,还有一些重要的党组织,都已经作了决议,号召大家向他们两位学习。确实,这两位同志的事迹,同在他们先后去世的模范共产党员赵春娥、张华等同志的事迹一样,太令人感动了。我想,绝大多数读者,读了介绍和纪念他们的文字,很难不流下泪来。我们党有多么高尚圣洁的党员,我国人民有多么忠贞坚毅的儿女,他们的伟大品质叫人简直难以相信! 这是我们党和我国人民的光荣和骄傲，也是我党和我国人民一定能够实现党的十二大所提出的宏伟目标的保证。同时，损失了他们，损失了对祖国作出了如此多的重大贡献而又刚走在生命中途的他们，又多么叫人难过！我们活着的同志要多么努力，才能弥补他们的不幸的过早的死亡所造成的损失！

我现在既不必要、也不能够和忍心重新叙述他们的事迹和品质，这些已经有了很详细的报道，我只想在痛惜之余，说出几点愿望。

首先当然是希望大家（不限于知识分子，而是一切党员、团员，一切觉悟的青年和觉悟的劳动者）都向他们学习，特别是希望那些至今对知识分子还有某种不信任感、不敢推心置腹的人们，以及那些一味争名夺利，甚至对社会主义祖国至今还三心二意，羡慕资本主义"天堂"的人们，多读读他们的事迹。他们所做的一切，有许多是一般人所不容易做到的。他们是科学专家，是我国科学发达和经济振兴的主要希望所寄，他们不断苦学得来的达到世界水平的专门知识不是人人轻易能够掌握的。但是他们对社会主义祖国、对共产主义信念的坚定不拔的忠诚（这种忠诚无论他们在身处逆境和身处顺境的时候都始终没有变化）；他们全心全意地为着人民的和别人的利益着想，一贯地吃苦在前，享受在后，完全不计较个人的名利；只要是祖国和人民向他们提出的科学、技术问题，不管是分内的和分外的，不管是他们原来学过的还是没有学过的，他们都勇敢而顽强地努力钻研，他们一贯地不知道疲倦、忘记了饥渴病痛地劳动：这些高贵的品质，却是任何一个共产主义者和任何一个爱国志士（我们不要忘记，蒋筑英同志虽然生前填了入党申请书，却是死后才被吉林省委追认为正式党员的）所能够和应该学习的。即令我们每个人只能学习到他们所做到的一半的程度，汇合起来，也就是一股了不得的力量，足以战胜我们前进道路上的一切困难和障碍。

其次，我想说，希望一切先进分子所在机构中的党组织、每个党员以至每个正直的公民能够更多地更好地关心这些先进的人们。确实，除了在那个使我们大家都痛苦的时期以外，我们不能过多地责怪长春光机所和骊山微电子公司没有照顾好蒋筑英和罗健夫。但是痛定思痛，我们仍然不能不想到，在这些方面未必没有许多欠缺。我们为什么不能更早地注意到他们的病情，在来得及的时候挽救他们的生命呢？我们为什么不能更多地采取一些严格的"强制措施"，让他们得到稍微好一些的工作和生活的条件，得到比较接近于必要的休息呢？人啊，共产党员啊，你们没有权利对周围的人和事冷漠敷衍。就说蒋筑英吧，已经经过了这样长久的考验，难道他入党的志愿，也一定要等到死后才能由省委的追认而满足么？当然，我并不了解这两个党组织对这两位同志关系中的细节，但是也正因为我没有机会看到这两个党组织的有关说明，我不能不作为假定提出这个问题。我的愿望不是单对着这两个机构说的，也不是单对着中年知识分子说的，我是对着我们党的一切组织和全体爱国公民说的。无论在什么岗位上，到处都有先进分子，到处都有最可爱的人。让我们尽可能地不要到他们死后才想起学习他们和表示我们对他们没有多加照顾的痛悔吧！

第三，我也想对活着的蒋筑英、罗健夫等同志说几句话。共产党员是一不怕苦、二不怕死的，是随时随地准备着为了共产主义事业的利益，为了社会主义祖国的利益，为了十亿人民的利益而牺牲自己的一切的。我们不是那种认为一个大学生"不值得"为一个农民的生命而牺牲自己的人，那样的人，如果是在别的岗位上，当然也不会冒死去抢救一个小学生，或者同一个甚至几个拿着凶器图谋犯罪的歹徒格斗。这是事情的一方面。但是事情还有另外一方面。我想，蒋筑英和罗健夫都并不是必然要死（我不懂医学，不知道罗健夫同志所患的"低分化恶性淋巴瘤"和蒋筑英同志所患的多种凶险疾病能不能在早期治愈，这里是假定能够）。如果他们还健康地活着，尽管报纸上不会这样大量地表扬他们，但是他们却能够为祖国和人民作出更多更重大的贡献，这是毫无疑问的。我们经常提倡自我牺牲，但是这不是说一个共产党员或先进分子的生命和健康就不重要。生命和健康，这是我们战胜一切敌人而建设伟大的社会主义祖国的资本，它们不是属于我们个人而是属于祖国和人民的，对于党员，就是属于党的。我们反对借口保护自己的生命和健康而损公利私，而贪生怕死，但是有了病，特别是有了严重的病，还是要治，并且要治好。这好比打仗，打仗一定要不怕死，但是也一定要尽量争取少死，受了伤，只要有可能，还是要争取治愈重返前线。共产主义者不是苦行僧，我们的自我牺牲的目的不是死亡而是生命，不是自己（更不必说别人）的痛苦，而是人民（当然也包括自己）的幸福。除了不可避免的死亡者以外，我们只有用自我牺牲的精神活着、奋斗着，才能带领人民一起去胜利地实现共产主义的崇高理想。

（原载 1982 年 11 月 29 日《光明日报》，本书采用时略有删改）

学习蒋筑英，开创科技工作新局面

王大珩

蒋筑英同志是 1962 年从北京大学物理系毕业后，考入长春光机所当应用光学专业研究生的，由我任导师。所里根据科研发展的需要，准备培养他成为光学镜头质量检验和评价方面的专门科学人才。这一门学问是和光学镜头设计、制造密切相关的应用学科。来所后，首先为他安排了比较全面的基础训练，包括应用光学的基本理论知识、光学设计、光学加工和光学检验的实际锻炼。他还学会了使用电子计算机，并且利用电子计算机进行光学设计和计算。这些基本训练，为蒋筑英同志在研究工作中能密切联系实际、解决实际问题准备了条件。他所从事的科研课题，是建立一套先进而实用的光学传递函数测量装置。这是一种利用现代光学理论来对光学镜头作出虚像质量评价的测量装备。当时，有关这方面的理论，在国际上已经具备，但是，形成实用的设备还未臻成熟。由于蒋筑英同志与光学仪器设计者的共同努力，经过两年多的工作，把这套设备研制出来了，性能准确可靠，并能自动记录。这是我国自行设计制造的第一台这种装备，具有当时的国际先进水平。这套设备一直应用到现在，已有十七八个年头了。他的这项工作，在1965年上海召开的全国光学检验会议上做了论文报告，获得好评。就在这台装备上，他进行了很多新型镜头的质量评价和鉴定工作，也检验了一些进口商品，对于存在问题的商品，提出了实验证据，维护了国家的利益和声誉。经过近二十年不懈的努力，他和同事们建立起了现代化的光学检验实验室。并建立起光学传递函数的实物标准，编制了一套切合实际、应用于光学设计的先进传递函数计算程序。他成了以从事光学传递函数工作而闻名的光学专门家。

蒋筑英同志从事色度学的工作，是出于彩色电视攻关的需要。当时在彩色电视上，存在着颜色不正的问题。人脸不是成了猪肝色，就是像青面神。国旗的颜色成了紫色。有关颜色光学的问题，我所原来很少涉及。这次为了解决颜色正确复现的问题，在所里办起了彩色电视颜色复现问题研究小组。蒋筑英同志很快就掌握了问题的本质，巧妙地提出了在设计和工艺无法达到理论要求的情况下，利用最优化校色矩阵的方案。这个方案，在我国是个创举，把它应用于摄像机上，绚丽而真实的彩色图像，顿时在电视显像屏上夺目而出，一时争相观看，获得赞誉。

为了开展新的光学领域的探索，并为了培养他，这几年来又让蒋筑英从事X光成像系统的检验方法的工作。为此，特派他去西德学习。在暂短的半年时间里，他驾轻就熟地掌握了问题的关键。回国后，为建立这种装备提出了关键性的设备方案。

他通晓英、德、俄、日，法五种外语。他的英文水平，远超出我的意料之外。他的德文，是在科学院德语培训班学习的，成绩属于最优者之列。因此，他有条件博览文献，在应用光学领域里，获得广博的知识。

论起蒋筑英同志的才华和贡献，单纯地从他写的论文来衡量是不完全恰当的。他的重要贡献，表现在科研和应用的结合，表现在学以致用，表现为以自己的知识和科研成果，尽多地服务于生产实际的需要。他工作的特点，在于不图虚名，踏实深入，经得起实践的考验，在解决实际问题上，博得了信得过的声誉。这无疑是刻苦钻研的结果。他因此而得到全所人员的爱戴（包括工人）。科学技术要面向经济建设，经济建设要依靠科学技术。我们需要大量的像蒋筑英那样的对祖国无限忠诚，不计个人名利，甘愿为祖国四化建设铺路的人。正如蒋筑英自己听说："我们这一代肩负着继往开来的重任，要多做铺路的工作，为实现科技现代化，为年轻一代科技工作者攀登世界高峰创造条件。"蒋筑英同志身体力行，为科技工作者作出了榜样。

蒋筑英同志在所里担任第四研究室（从事光学镜头设计和研究的研究室）的代理主任，并负责所学术委员会属于应用光学领域各研究室的学术组织工作。就在他逝世前一天，我正和科学院的领导商量，让他挑重担，做所里的领导工作。正要委以重任时，他竟逝世离开我们了。这是我国光学界的重要损失。我们整个光机所，以及所有和他有过交往的单位和同志，无不悲恸万分。直到现在，一提起他，总觉得他还活着。他怎么会离开了我们呢!

蒋筑英同志所以深孚众望，除了他的才华出众而外，更重要的还在于他的崇高的思想境界和高尚的品德情操。

他热爱社会主义的鲜明立场是很突出的。建国以后，他的父亲因历史反革命的罪名，被判刑入狱多年。但他并未因此而影响对共产主义的坚定信念。党的十一届三中全会后，他积极申请入党，遗憾的是刚填好了入党志愿书，待支部讨论和党委批准的时候，他竟与世长辞了。他的对党诚挚的思想感情，浸人肺腑:"我的一切，包括知识、技能，都是党给的，人民给的。为人民服务，为党的事业奋斗，是我的光荣职责。""一个人活着应当有个信仰——人的生命是有限的，党的事业是永存的。我愿为实现党提出的各项战斗任务贡献自己的力量。"他是这样写的，也就这样做了。

蒋筑英同志急国家之所急，想他人之所想。不分分内分外，不管学过还是没有学过。他勤勤恳恳，日以继夜地工作，表现了科学工作者国家主人翁的责任感，表现了对社会主义事业的无限热忱。

对于物质待遇、个人荣誉，他谦让出于衷心。让职称，让房子，让论文署名，对个人利益他从不伸手，表现了高尚的共产主义的道德情操。

我认为学习蒋筑英，就要:

学习他对共产主义的坚定信念和鲜明的革命立场;

学习他对社会主义祖国的无限忠诚和主人翁的责任感，以及不断前进的创业精神;

学习他忘我无私，胸怀全局，不计名利，严于律己，乐于助人的崇高品质；

学习他刻苦钻研，治学严谨，勇于创新，手脑并用，学以致用，诲人不倦的优良学风；

学习他艰苦朴素，勤俭办事业的朴实风尚；

学习他善于利用时间，善于掌握问题实质的高效率的工作和学习方法。

作为科学工作者，我认为对于治学方法，有必要多说几句。蒋筑英同志写道：

"（1）要看到国家的需要，要为国家解决实际问题；

（2）要学以致用，不要漫无边际地去积累知识，要为解决实际问题去学习；

（3）要善于向周围的同志学习，人各有所长，有的理论基础好，有的实践经验丰富，遇到问题，除了自己钻研以外，找适当的人讨论讨论，往往很快就找到解决问题的办法；

（4）要勤动脑，勤动手，知识和技能是靠不断积累。

科学技术在不断发展，不勤于学习和实践，就会落后。"

蒋筑英的治学方法，很值得借鉴和学习。

蒋筑英同志是知识分子的优秀代表，是科技界的雷锋。

诚如吉林省委所指出的那样，要像学习雷锋那样学习蒋筑英。我们感到，这是时代的需要。

有人说我是如识玉那样看到了蒋筑英。这实在是过誉之词。我们应该看到，蒋筑英完全是在新社会在党的抚育下培养成长起来的。没有党就没有蒋筑英，没有社会主义制度的优越性，也没有蒋筑英。如果说谁把蒋筑英雕琢成为美玉，那么，首先是少年时代对他进行社会主义教育的启蒙者，再则是高中和大学里的识玉者。及至他到光机所，则他的德才已是明显的了，只是再做一些精雕细刻而已。所以应该说，识玉者是党。

党的十二大号召全国人民要为开创社会主义现代化建设的新局面而奋斗。最近，五届人大第五次会议通过了新宪法，宪法把知识分子和工人、农民一道视为社会主义建设的主要依靠力量。会议还提出了为实现本世纪末国民经济翻两番的近期"六五"计划。我们科技工作者，不但承担着建设社会主义物质文明的光荣职责，同时也责无旁贷地必须做精神文明的促进者。蒋筑英、罗健夫同志等为我们树立了榜样。同时，我们也看到，蒋筑英、罗健夫是代表人物，活着的蒋筑英、罗健夫式的人物也是不少的。我们也要向他们学习，并且要关心他们，发挥他们的作用，使之能对社会主义祖国多作贡献。我们学习他们，这就使他们的德才能成为鼓舞我们前进的动力。正如胡乔木同志在他的文章《痛惜之余的愿望》中所说的："即令我们每个人只能学习到他们所做到的一半的程度，汇合起来，也就是一股了不得的力量，足以战胜我们前进道路上的一切困难和障碍。"我们相信，通过对蒋筑英、罗健夫的学习，必然会有比现在多得多的蒋筑英、罗健夫涌现出来，实现社会主义现代化幸甚! 振兴中华幸甚!

让我们沿着十二大所指引的方向，努力不懈，为开创社会主义现代化建设的新局面，振兴中华，而奋勇前进吧!

永存的慰藉

路长琴

直到今天，我还弄不懂，世界上怎么会没有了筑英。我觉得，他不过是像往常一样出差去了——到北京，到上海，也许还远一点，到欧洲。而不久，也许就在今天晚上，他会像每次那样，臂下夹着一个大公文包，身上袭了一团冷气，突然出现在门廊里。

筑英，你走得不是太匆促一点了么？

你走的前一天晚上，我真的生你的气了。不为你东西也不收拾，就跑去帮薛家修下水道，这是应该的；也不为你事先不曾关照一声，说走就走，这在我们本来已是常事。我只恨你太不顾惜自己。肚子疼了多久了——去看过么？牙齿掉了多久了——好不容易托人约好下周二去镶，可你又忙着到四川出差去了。

你已经走出了门，又折回来，最后的一句话是："手帕忘在床边了。"

而从 14 日夜到 15 日下午，差不多二十个小时，你挣扎着，在招待所、在急诊室、在三轮摩托上、在排着长队的化验室门口。在离我们几千里的陌生的地方，你生怕耽误了身边同志的吃饭和休息，生怕呕出的血沫会弄脏别人借给你穿的毛背心，生怕用便

122

盆会给别人添太多的麻烦，却唯独没有为这个有我、有孩子、有对你说来像生命一样宝贵的工作的世界留下一句话……你没有想到啊，你怎么可能想到呢？你的生命，正待掀开新的一页——事业一天天兴旺，渴望已久的项目正一个个展开；老父亲平反昭雪，精神上压了几十年的沉重的负担从此移去；我们分了新房子，孩子们都已经懂事；还有那最珍贵的、你刚刚填过的入党志愿书……你一定以为，一切苦难，都会像以往经历过无数次的那样，在顽强的意志面前如晨雾一样消散。而你又回来了，回实验室、回家、回到浓荫郁郁的斯大林大街，在一片奔忙中感受着生命的力——

但料想不到的打击，还是在一瞬间袭来。你挣扎了二十个钟头，耐心地等待着医学的判断与行动。余下的，你的色度学知识，你的五门外语，你的意志，你的责任感，你对事业和生活的一片挚爱，都已经无能为力。

不过43岁嘛！大学毕业以后苦苦捧打了二十年，正要挑起一副重担，却一句话也没有，默默地，用你虽然还在壮年，但毕竟累坏了、用垮了的身体强忍了二十个小时，倏地离去。

我要求最后再为你理一次发。多少年来你的头都是我理。我总怨你太瘦，推子都不好走，希望有一天你能歇一歇，胖一点，就像那次刚从西德回来那样。

我要求替你穿衣。除了我，又有谁知道你的尺寸和喜欢的颜色呢？

你临终的面容是平静的。你在想什么呢？

我拉开你的提包，满满的，全是书。我把你最常看的德语课本拿出来，枕在你的头下。你是一刻也离不开书的。

你几乎不知什么叫做安憩。星期六晚上的电视节目，是要孩子们强拉着你才坐下来看几眼。什么活儿你都揽，谁的事你都管，吃饭走路你都嫌浪费时间。你知道有多少同志责备我吗——"小路，快管管你们老蒋吧！"

你对事业和未来一直充满着信心。你绝不自弃、自卑与阴郁，而是坚定地选择了自强不息。你不信偏见能遮断一切。你认为，每个人都能表现出他的价值，只要诚实，只要一心向着光明。

筑英去了。在实验室，在办公楼，在图书馆，在篮球场，从此再也见不到你一米八二的高身条，再也听不到你款款的南音。但是，只要看一眼伏案攻读的平儿，就会想起你的坚韧；只要问一问欢蹦乱跳的全儿，就会想起你的敏捷。

更况且，身边有多少好同志啊！一个室的、一个所的、一个系统的、认识的和不认识的，他们和我一起落泪，一起痛悼，一起鼓起勇气生活下去、奋斗下去。筑英，你用你那颗博大的心，在人间播种的仁爱和友情，他们加倍地来偿还了。

中途离去毕竟是不堪的！然而，筑英，我时时感到慰藉的是，你的这四十三年，活得清清白白，活得实实在在，活得像个硬汉子。不错，我们从没有享受过富贵荣华，可是，你却真正地体味了奋斗与得胜的大苦大乐。我知道，如果让你重新选择，你还会这样生活，安息吧，筑英。你累了，应该休息了。

（原载 1982 年 11 月 17 日《光明日报》，本书采用时略作删改）

后　记

蒋筑英事迹的最早报道与持续至今的宣传

　　为感动中国的人物蒋筑英写传记，是我的责任，也有股激情。因为我是一名记者，一名在蒋筑英生前采访过他的记者，一名在蒋筑英逝世后在全国最早报道并且写过数十篇他事迹稿件的记者，一名几十年来一直报道着学习蒋筑英活动的记者。

　　1982 年我在《长春日报》作记者。7 月 7 日，我到长春光机所准备采访该所帮助地方企业解决技术难关的题目。刚走进研究所大门，便感到全所一片肃穆的气氛。所宣传处的同志说："我们所的蒋筑英去世了，明天为他开追悼会。"蒋筑英？这不是我采访过的人吗？早在 1977 年和 1979 年，我曾经两次采访过他，一次是为写他的导师王大珩，一次是为写他本人。那时蒋筑英浑身充满朝气。虽然很消瘦，但和我握手蛮显有力，两眼炯炯有神，走路快如"一阵风"，上楼一步蹬两个台阶。谈起话来爽朗热情，记忆力非常好。听到他去世的消息，我顿感震惊，忙说："我也参加去。"

第二天，我早早来到光机所。追悼会上，人们泣不成声，感人至深。我国著名光学专家、所长王大珩流着泪读着悼词，我也不禁落下泪来，深深向蒋筑英遗像三鞠躬。第二天，《长春日报》以消息对他的逝世作了报道，抢在国内其他报纸前面。

　　面对蒋筑英的英年早逝，又该怎样做些深度报道，写好长篇人物通讯呢？当时手头没有任何资料，只有深入挖掘。在那些日子，我几乎天天到光机所，也去过蒋筑英帮助过的几家工厂和电视台，采访近百人次，整整记录了两大厚本素材。最后，选择了中年知识分子当年政治上、工作上、生活上的实际情况作为背景，突出展现他的人生轨迹和动人故事。选择了勇攀科学高峰、公而忘私、坚守共产主义信仰三个方面的事迹，撰写了长篇通讯《火红的中年——记中年科学家、长春光机所副研究员蒋筑英》，并在8月27日见报。见报前，所长王大珩亲自审阅原稿，对这样的选题颇为满意。王老一字一句看得十分认真，他说："写得很好，没有什么改动的地方，尽快见报吧！"

　　通讯发表两个月后的10月26日，中共吉林省委作出了《关于开展向蒋筑英同志学习活动的决定》。省委决定提出三方面学习内容与那篇通讯所报道的三个主题完全一致，这是对我两个月前提炼的蒋筑英核心精神定位的肯定。《光明日报》、《吉林日报》也在10月间相继发表了相关长篇通讯，写得都很好。我除采写长篇通讯外，还写了反映蒋筑英家庭生活的《宝石，哪个侧面都是光彩照人的》、回忆采访在世时蒋筑英的《一次难忘的采访》、蒋筑英爱人路长琴的专访《筑英还活在我心里》、蒋筑英父亲蒋树敏的专访《最尊重知识分子的是共产党》等。后来，这些系列报道荣获中国优秀科技新闻特别荣誉奖，证书比一等奖还要大。中国科学院党组一位负责人对这些报道也给予了赞扬。他说："在全国的报纸中，《长春日报》对蒋筑英事迹的报道做得最好。"在省委宣传部的组织下，我参与编写了最早出版的《蒋筑英》一书。在蒋筑英逝世8周年的时候，又采访了蒋筑英的爱人路长琴，撰写了通讯《不能忘却的思念》；1992年电影《蒋筑英》放映时，采写了《蒋筑英亲人们的今天》，2007年采写了《倾诉在蒋筑英科技馆揭幕时》。我作为《羊城晚报》特约记者，还先后为该报和几家外地报刊提供十来篇关于蒋筑英事迹的稿件。2008年9月，全国重点新闻期刊《新闻记者》和《中国地市报人》、《新闻学苑》等杂志相继刊发了我的采访体会《关于蒋筑英报道的当初与今天》、《蒋筑英的最早发现与持续二十六年的报道》等。2009年国庆六十周年前夕，又接受了天津、吉林电台关于蒋筑英事迹的专题访问，不久前还参加了长春电视台纪录片《蒋筑英》的拍摄工作。

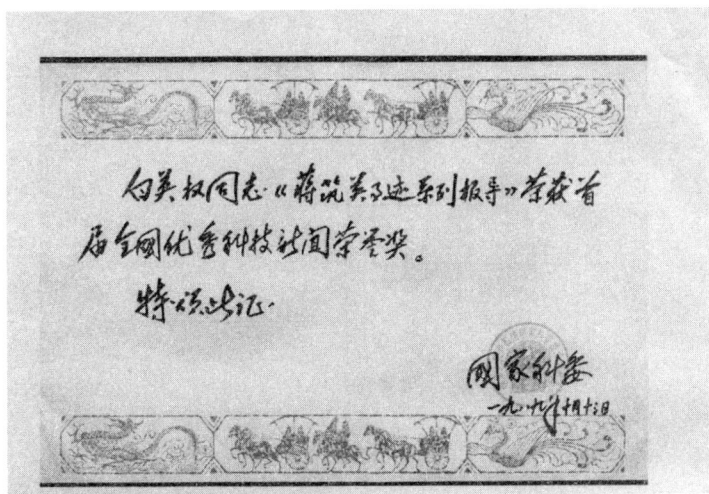

△ 《蒋筑英事迹系列报道》获奖证书

凭着我写的这些报道，加上当年一起采访的吉林日报社、长春光机所的朋友与我相互交换的资料、他们及蒋筑英亲人当年介绍并保留至今的素材，我才有勇气敢于应出版社之约，写下这本蒋筑英人物传记，并努力使传记能够更真实、更全面、更细致，也力争能够较为准确地把握蒋筑英崇高思想的核心。现在光机所的同志给予不小的支持和鼓励，特意组织熟悉蒋筑英的专家和有关人员用两天时间审读核实了传记初稿。这里理应点名感谢你们！

　　二十多年的采访，使我和蒋筑英的亲人成为朋友。他的父亲蒋树敏去世前来长春时，特意与我见了面。他说："你写的那些报道材料我都保存着，特别感谢你！"每每在街上遇到蒋筑英的夫人路长琴，都要唠唠家常与往事。为了使这本传记更真实，5月16日我登门请路长琴审看初稿。她认真看了两个多小时，对初稿给予了充分肯定。她说："你掌握筑英的事迹既真实又全面，真是有心人呀！你见到过在世时的筑英，看来也是带着感情写的。传记出版后一定要送我一本。"在她的家里，我还有幸看到蒋筑英小孙女的十余幅水彩画，画功实在不错。我还得知，路长琴现在也在老年大学学习美术呢。

　　在蒋筑英逝世30周年之际，谨以此书再次悼念这位感动中国的人。

白英权

2012 年 6 月于北京回龙观

100位

新中国成立以来感动中国人物

丁晓兵　马万水　马永顺　马恒昌　马海德　中国女排五连冠群体

孔祥瑞　孔繁森　文花枝　方永刚　方红霄　毛岸英

王　杰　王　选　王　瑛　王乐义　王有德　王启民

王进喜　王顺友　邓平寿　邓建军　邓稼先　丛　飞

包起帆　史光柱　史来贺　叶　欣　甘远志　申纪兰

白芳礼　任长霞　刘文学　刘英俊　华罗庚　向秀丽

廷·巴特尔　许振超　达吾提·阿西木　邢燕子　吴大观

吴仁宝　吴天祥　吴金印　吴登云　宋鱼水　张　华

张云泉　张秉贵　张海迪　时传祥　李四光　李春燕

李桂林和陆建芬夫妇　李素芝　李梦桃　李登海　杨利伟

杨怀远　杨根思　苏　宁　谷文昌　邰丽华　邱少云

邱光华　邱娥国　陈景润　麦贤得　孟　泰　孟二冬

林　浩　林巧稚　林秀贞　欧阳海　罗映珍　罗健夫

罗盛教　草原英雄小姐妹　赵梦桃　钟南山　唐山十三农民

容国团　徐　虎　秦文贵　袁隆平　钱学森　常香玉

黄继光　彭加木　焦裕禄　蒋筑英　谢延信　韩素云

窦铁成　赖　宁　雷　锋　谭　彦　谭千秋　谭竹青

樊锦诗

图书在版编目（CIP）数据

蒋筑英 / 白英权著. -- 长春：吉林文史出版社，
2012.7（2022.4重印）
（100位新中国成立以来感动中国人物）
ISBN 978-7-5472-1145-8

Ⅰ. ①蒋… Ⅱ. ①白… Ⅲ. ①蒋筑英（1938～1982）
－生平事迹－青年读物②蒋筑英（1938～1982）－生平事
迹－少年读物 Ⅳ. ①K826.1-49

中国版本图书馆CIP数据核字(2012)第171773号

蒋筑英

JIANGZHUYING

著/ 白英权

选题策划/ 王尔立　责任编辑/ 王尔立 李洁华 马华 任玉茗

装帧设计/ 韩璘

出版发行/ 吉林文史出版社

地址/ 长春市福祉大路5788号　邮编/ 130118

电话/ 0431-81629363　传真/ 0431-86037589

印刷/ 天津海德伟业印务有限公司

版次/ 2012年8月第1版 2022年4月第4次印刷

开本/ 640mm×920mm　1/16

印张/ 9 字数/ 100千

书号/ ISBN 978-7-5472-1145-8

定价/ 29.80元